Friedens
preis 2021
des Deutschen Buchhandels

FRIEDENSPREIS DES DEUTSCHEN BUCHHANDELS

PEACE PRIZE OF THE GERMAN BOOK TRADE

2021

Tsitsi Dangarembga

Ansprachen aus Anlass der Verleihung

Conferment Speeches

Börsenverein des Deutschen Buchhandels

German Booksellers and Publishers Association

Die Reden, die aus Anlass der Verleihung des Friedenspreises des Deutschen Buchhandels an Tsitsi Dangarembga am 24. Oktober 2021 in der Paulskirche zu Frankfurt am Main gehalten wurden, folgen dem gesprochenen Wort.

ISBN 978-3-7657-3434-2

im Verlag MVB Marketing- und Verlagsservice
des Buchhandels GmbH

Texte, Redaktion und Lektorat
Martin Schult und Katrin von Boltenstern
Übersetzungen The Hagedorn Group, Anette Grube
Foto: Mateusz Żaboklicki
Gestaltung und Satz Farnschläder & Mahlstedt, Hamburg
Druck und Bindung Kösel, Altusried-Krugzell

INHALT CONTENTS

URKUNDE

Den Friedenspreis des Deutschen Buchhandels
verleiht der Börsenverein
im Jahr 2021 an

Tsitsi Dangarembga

Die Schriftstellerin und Filmemacherin aus Simbabwe verbindet in ihrem künstlerischen Werk ein einzigartiges Erzählen mit einem universellen Blick und ist deshalb nicht nur eine der wichtigsten Künstlerinnen ihres Landes, sondern auch eine weithin hörbare Stimme Afrikas in der Gegenwartsliteratur.

In ihrer Romantrilogie beschreibt Tsitsi Dangarembga am Beispiel einer heranwachsenden Frau den Kampf um das Recht auf ein menschenwürdiges Leben und weibliche Selbstbestimmung in Simbabwe. Dabei zeigt sie soziale und moralische Konflikte auf, die weit über den regionalen Bezug hinausgehen und Resonanzräume für globale Gerechtigkeitsfragen eröffnen. In ihren Filmen thematisiert sie Probleme, die durch das Aufeinandertreffen von Tradition und Moderne entstehen. Ihre Botschaften richten sich erfolgreich an ein breites Publikum sowohl in Simbabwe als auch in den Nachbarländern.

Begleitet wird ihr künstlerisches Schaffen von dem jahrelangen Engagement, die Kultur in ihrem Land zu fördern – und diese insbesondere für Frauen zu öffnen. Gleichzeitig kämpft sie für Freiheitsrechte und politische Veränderungen in Simbabwe. Gegenwärtig richtet sich ihr friedlicher Protest gegen Korruption, für den Tsitsi Dangarembga auch in Kauf nimmt, von der Regierung gerichtlich verfolgt zu werden. »Wenn ihr wollt, dass euer Leiden aufhört, müsst ihr handeln«, fordert sie. »Handeln kommt aus der Hoffnung. Dies ist das Prinzip von Glauben und Handeln.«

Börsenverein des Deutschen Buchhandels e.V.
Die Vorsteherin
Karin Schmidt-Friderichs

Frankfurt am Main, in der Paulskirche
24. Oktober 2021

CERTIFICATE

The German Publishers and Booksellers Association
has chosen to award the 2021 Peace Prize
of the German Book Trade to

Tsitsi Dangarembga

Zimbabwean novelist and filmmaker Tsitsi Dangarembga combines inimitable storytelling with a universally compelling perspective in a body of work that has made her not only one of the most important artists in her native land but also a popular and widely-recognised voice of Africa in contemporary literature.

In her acclaimed trilogy of novels, Tsitsi Dangarembga draws on the story of a young woman's life from adolescence to middle age to depict the struggle for the right to live in dignity and the fight for female self-determination in Zimbabwe. In doing so, she reveals social and moral conflicts that go far beyond regional references, thereby creating the stage for the discussion of globally relevant questions of justice. In her films, she addresses issues that emerge from the clash of tradition and modernity. The messages she sends out via her work have successfully reached broad audiences both in Zimbabwe and neighbouring countries.

Tsitsi Dangarembga has long since complemented her artistic work with a rigorous commitment to fostering creative industries in her home country and, in particular, opening up culture to female creators. At the same time, she has also fought tirelessly for civil liberties and political change in Zimbabwe. Her most recent peaceful protest is aimed at corruption, and she has already faced prosecution by the government for her efforts. »If you want your suffering to end, you have to act. Action comes from hope. This is the principle of faith and action.«

German Publishers and Booksellers Association
Chairperson of the Board of Trustees
Karin Schmidt-Friderichs

Frankfurt am Main, Church of St. Paul, October 24, 2021

BEGRÜSSUNG

Karin Schmidt-Friderichs

Vorsteherin des Börsenvereins des Deutschen Buchhandels

Tambudzai ist 13 Jahre alt, als sich ihr durch den Tod des Bruders die Welt der Bildung erschließt und sie die Tür, die sich ihr da unverhofft öffnet, mutig aufstößt. Tambudzai verlässt ihr Elternhaus, eine Hütte auf dem Land, in der der Schlafplatz des Mädchens die Küche ist.

Fortan lebt sie in der Familie ihres Onkels, der die Missionsschule leitet, auf die sie nun geht. Sie teilt das Zimmer mit ihrer Cousine Nyasha. Deren Familie lebte zuvor in England. Darüber hat Nyasha ihre Muttersprache Shona vergessen – und die eine oder andere unumstößliche Regel.

Tambudzai hingegen tut alles, um sich der Chance wert zu erweisen, die sich ihr da auftut. Tambudzai wird uns vertraut, sie wird für uns, die wir »Aufbrechen« lesen, zu Tambu, zu einem Vorbild, einer Freundin und Hoffnungsträgerin. Sie geht ihren Weg, sie kämpft, sie schafft sich eine Zukunft, die wir ihr wünschen.

Die Protagonistin dieses ersten Buches der Romantrilogie von Tsitsi Dangarembga schildert eine Welt, in der Frauen Männern gehorchen und Kinder ihren Eltern. Es ist eine kolonial geprägte Welt, deren Ordnung sich als selbstverständlich präsentiert. In der man/Mann sich durchsetzt. Notfalls mit Gewalt.

Tambudzai beobachtet und schildert genau. Ihre Unsicherheit, ihre Hoffnungen, ihre Ängste und ihre Entwicklung erleben wir Leser*innen hautnah mit. Oszillierend zwischen Scham und Aufbegehren, Tradition und Aufbruch, Verstehen und doch wieder Verdrängen, alten Rollenbildern und neuen Chancen.

Vorsichtig entwickelt Tambu Selbstbewusstsein und Selbstwertgefühl. Beides ordnet sie aber immer wieder unter, um sich dem patriarchalischen System anzupassen – und nur ja nicht diese Chance zu verspielen – auf Bildung und ein besseres Leben.

Bald schon zucken wir mit Tambu zusammen, wenn die aufmüpfige Nyasha die in Stein gemeißelten Regeln infrage stellt und opponiert. Gleichzeitig aber spüren wir als Leser*innen, wie Tambus Bildungskarriere zunehmend in Widerspruch gerät zu den Erwartungen, die die Familie an sie stellt. Am Ende ahnen wir, dass ihr Ehrgeiz und das Entdecken ihrer unbestreitbaren Stärken zu einem Problem werden können.

◇

»Nervous Conditions«, auf Deutsch erhältlich unter dem Titel »Aufbrechen«, wird 30 Jahre nach seiner Veröffentlichung von der BBC auf die Liste der 100 Bücher gesetzt, die die Welt verändert haben. Im gleichen Jahr, 2018, erscheint auch der dritte Band der Tambudzai-Trilogie, gerade auf Deutsch veröffentlicht mit dem Titel »Überleben«. Hier ist auf einmal alles anders.

Ein Perspektivwechsel hat stattgefunden: Ein hartes »Du« ersetzt die zarte Nähe, die wir im ersten Buch zu dem Mädchen hatten. Eine ältere Tambudzai blickt nun von außen auf sich selbst, entfremdet sich dabei vom eigenen Ich, zieht uns mit in ihr Du, selbst wenn wir das vielleicht gar nicht wollen.

»Der Wasserhahn, nur kaltes Wasser in den Zimmern, tropft. Du liegst noch im Bett, drehst dich auf den Rücken und starrst an die Zimmerdecke. Du merkst, dass dein Arm eingeschlafen ist, und bewegst ihn mit der guten Hand vor und zurück, bis Schmerz in einem Blitz aus Nadeln explodiert. Es ist der Tag des Vorstellungsgesprächs. Du solltest aufstehen.«

Schon auf dieser ersten Seite ahnen wir: Tambu hat »es« trotz aller Bildung nicht geschafft. Irgendwann ging ihr die Anpassungsfähigkeit aus. Sie hat sich verloren zwischen den Welten, zwischen Herkunft und Großstadt, zwischen Tradition und Aufbruch. Den sicheren Karriereweg – vielleicht gibt es ihn trotz aller Bildung für sie nicht? Jedenfalls nicht in Simbabwe, das politisch wie wirtschaftlich am Boden liegt.

Tambudzais Selbstvorwürfe und Selbst-Herabwürdigungen wühlen die Leserin auf. Die Schilderungen treffen ins Mark. Sie schmerzen. Und ich vermute: Das sollen sie. Die Distanzierung fällt schwer.

»Dein Atem geht noch immer flach und mühsam. Schmerz würgt dich unter der Luft, packt deine Kehle, und du kannst nicht sprechen. Obwohl du nur wenig über diesen Abend gesagt hast, weißt du, dass du schon zu viel gesagt hast und du keinen einzigen Satz mehr darüber verlieren darfst, sonst ertrinkst du in einem Loch aus Schande.«

Die willensstarke Tambu aus dem ersten Buch findet sich in einer Situation der Ausweglosigkeit wieder. Tambudzai ist skrupellos gegenüber sich selbst und mitleidlos gegenüber anderen; sie hat jedes Selbstgefühl verloren, die Rückschläge häufen sich. Und doch gibt sie nicht auf. Sie überlebt. Und wir, die gebannten Leser*innen, bleiben an ihrer Seite, voller Schrecken und Mitgefühl. Bis zum Schluss.

◇

Über die Autorin Tsitsi Dangarembga, die »Nervous Conditions« und »This Mournable Body« – also »Aufbrechen« und »Überleben« – geschrieben hat, könnte, ja müsste ich als Vorsteherin des Börsenvereins jetzt sagen:

»Sie ist eine Schriftstellerin auf Weltniveau, sie hat zahlreiche Preise wie den PEN-Pinter-Preis gewonnen, sie ist Filmemacherin und Feministin, und sie lebt wie ihre Protagonistin in Simbabwe.«

Als Mitglied des Stiftungsrats sollte ich Superlative finden, ihre Herkunft betonen, ihr politisches Engagement preisen oder ihre

Empathie ins Zentrum meines Lobes stellen. Aber eigentlich möchte ich nur sagen: Danke, liebe Tsitsi Dangarembga, dass Sie mich an Tambus Seite gestellt haben, dass ich eins werden durfte mit ihr, dass ich Tambudzais Ausweglosigkeit begreifen konnte, aber auch jeden Versuch, wieder aufzustehen.

Sie, Tsitsi Dangarembga, haben es geschafft, uns eine Gesellschaft so nahe zu bringen, dass sie uns zwar nicht restlos verständlich wird, wir sie aber auf uns beziehen können, auf uns und unsere eigenen Unzulänglichkeiten.

Als wir einander schrieben, Sie, liebe Tsitsi Dangarembga, und ich, fand ich unter Ihren Mails ein Zitat von Mahatma Ghandi: »First they ignore you. Then they laugh at you. Then they fight you. Then you win.« Ich wünsche Tambu, dass das für sie irgendwann in Erfüllung geht. Und gratuliere Ihnen, liebe Tsitsi Dangarembga – THEN YOU WIN –, zum Friedenspreis des Deutschen Buchhandels 2021.

GREETING

Karin Schmidt-Friderichs

President of the German Publishers
and Booksellers Association

Tambudzai is 13 years old when, following the death of her brother, she first gains access to the world of education and boldly walks through a door that has unexpectedly opened up to her. Tambudzai leaves her parents' home – a small hut in a homestead, where the girl's bed is in the kitchen.

From that point on, Tambudzai lives with the family of her uncle, who runs a missionary school where she is now a pupil. She shares a room with her cousin Nyasha, whose family has returned from living in England for several years. Nyasha has forgotten how to speak her native language, Shona, and also how to obey a number of sacrosanct rules.

Tambudzai, on the other hand, will do anything to prove herself worthy of the opportunity that has opened up to her. We get to know Tambudzai – or »Tambu« for those of us who've read »Nervous Conditions« – and she becomes a role model, a friend and a beacon of hope. She sets out on her path, she fights, she creates a future for herself – one that we hope she will be able to realise.

This young protagonist in the first book of Tsitsi Dangarembga's Tambudzai trilogy describes a world in which women obey men and children obey their parents. It is a world shaped by colonialism, the structures of which present themselves as being perfectly self-evident. A world in which men assert themselves – by force, if necessary.

Tambudzai observes everything and describes what she sees in an astute and precise manner. She makes it possible for us, the readers, to experience first-hand her insecurity, her hopes, her fears and her growth, oscillating between shame and rebellion, between tradition and new beginnings, between understanding and repressing, between old role models and new opportunities. Cautiously, Tambu develops self-confidence and self-esteem. Time and again, however, she must put these to the side in order to adapt to the patriarchal system – but also so as not to lose the opportunity to gain an education and ensure a better life for herself.

Soon, we find ourselves wincing along with Tambu, when the rebellious Nyasha calls into question the countless rigid rules and fiercely opposes them. At the same time, however, we sense that Tambu's educational path is coming into increasing conflict with the expectations her family has of her. Ultimately, we fear that her ambition and the discovery of her undeniable strengths may actually become a problem.

◇

In 2018, thirty years after it was first published, the BBC placed »Nervous Conditions« on its list of 100 books that changed the world. That same year saw the publication of the third volume in the Tambudzai trilogy, »This Mournable Body«, which has now been published in German under the title »Überleben« (tr. Survival).

In this book, everything is suddenly different. A change of perspective has taken place; a hard »you« has replaced the tender closeness we had with the girl in the first book. Tambudzai is older, she now looks at herself from the outside, thereby becoming alienated from her own person, pulling us along with her into this new »you«, no matter how we might resist.

»The tap, cold only in the rooms, is dripping. Still in bed, you roll onto your back and stare at the ceiling. Realizing your arm has gone to sleep, you move it back and forth with your working hand until pain bursts through in a blitz of pins and needles. It is the day of the interview. You should be up«.

Here, on the first page of the novel, we already sense that Tambu hasn't »made it«, in spite of all her education. We sense that, at some point, she ran out of the ability to adapt. She got lost between worlds, between her origin and the big city, between tradition and rebellion. A secure career path – is it possible that such a thing simply doesn't exist for her, despite all her education? At least not in Zimbabwe, which has fallen apart both politically and economically. Tambudzai's self-criticism and self-blame agitate the reader. Her descriptions cut to the core. They hurt. And I suspect that's exactly what they were meant to do. Distancing oneself from them is hard.

»Your breathing remains shallow and difficult. Pain heaves beneath your breath, gripping your throat so that you cannot speak. You know, although you have said little about that evening, that you have already said too much and you must not dare to deliver another sentence or else you will drown in a pit of disgrace«.

The strong-willed Tambu from the first book now finds herself in a situation of sheer hopelessness. Tambudzai is ruthless with herself and uncompassionate towards others; she has lost all sense of herself, the setbacks begin to pile up. And yet, she doesn't give up. She survives. And we, the spellbound readers, remain at her side, full of horror, amazement and compassion. To the very end.

◇

As chairperson of the Börsenverein, if asked to speak about Tambu's creator, Tsitsi Dangarembga, author of »Nervous Conditions« and »This Mournable Body«, I might say, indeed, I would be obliged to say:

»She is a world-class writer, she has won numerous awards, such as the PEN Pinter Prize, she is a filmmaker and feminist, and she lives, like her protagonist, in Zimbabwe«.

As a member of the Board of Trustees, I might use superlatives to describe her work; I might explore her origins and praise her political commitment or place her empathy at the centre of my tribute. But actually, what I really want to do is say thank you: Thank you, dear Tsitsi Dangarembga, for introducing me to Tambu, for giving me the opportunity to become one with her, for inviting me to understand Tambudzai's sense of hopelessness, but also to witness her every attempt to get back up on her feet again.

You, Tsitsi Dangarembga, have succeeded in bringing us into close contact with a society in such a way that – even though we might not fully understand it – we nevertheless are able to relate it to ourselves, that is, to ourselves and our own shortcomings.

Dear Tsitsi Dangarembga, when you and I were writing back and forth, I found a quote from Mahatma Ghandi in one of your emails: »First they ignore you. Then they laugh at you. Then they fight you. Then you win«. It is my wish that this will come true for Tambu one day. Congratulations to you, dear Tsitsi Dangarembga – THEN YOU WIN – on receiving the 2021 Peace Prize of the German Book Trade.

Translated into English by The Hagedorn Group.

BEGRÜSSUNG

Peter Feldmann

Oberbürgermeister der Stadt
Frankfurt am Main

Die Freiheit des Wortes ist ein hohes Gut, ein sehr hohes Gut. Wenn ich nun aber lese, dass Autor*innen Angst haben, nach Frankfurt zu fahren, weil sie hier auf rechtsradikale Verlage und Autoren treffen könnten, dann lese ich auch die anderen Punkte aus unserem Grundgesetz – und auf Position eins steht die Würde des Menschen.

Die Würde des Menschen ist das oberste Gebot unserer Verfassung, unserer Werte, unseres Grundgesetzes und auch der Tradition der Paulskirche. In Frankfurt ist kein Platz für Fremdenfeindlichkeit, kein Platz für Antisemitismus, für Islamophobie, für Rassismus, kein Platz für Bedrohung, für Erniedrigung – dafür haben wir in Frankfurt keinen Platz, kein Verständnis und keine Toleranz! Und auch deshalb möchte ich der Preisträgerin heute gratulieren.

◇

ZWISCHENRUF

Mirrianne Mahn

Frankfurter Stadtverordnete

Danke Peter, für deine wichtigen Worte. Der Punkt ist aber, dass ich als schwarze Frau, als Stadtverordnete in Frankfurt hier sehr klar auf ein Paradox hinweisen muss: Wir sprechen über den Diskurs und wir sprechen über Meinungsfreiheit. Rechtsradikale Ideologien, menschenverachtende Ideologien sind keine Meinungsfreiheit. Das Paradox ist, dass wir hier in der Paulskirche, der Wiege der Demokratie, einer schwarzen Frau den Friedenspreis verleihen, aber schwarze Frauen auf genau dieser Buchmesse nicht willkommen waren. Und ich sage ganz klar ›nicht willkommen‹ waren, weil nicht dafür gesorgt wurde, dass sie sich sicher fühlen. Das ist keine Meinungsfreiheit.

Wenn wir dulden, dass rechtsradikale Menschen mit genau diesen menschenverachtenden Ideologien eine Plattform hier in Frankfurt, in meiner Stadt, in unserer Stadt, in meiner Heimat, bekommen, Menschen, die nicht wollen, dass Andere, die so aussehen wie ich, die so aussehen wie die Preisträgerin, heute in Deutschland sind, dann beteiligen wir uns aktiv an dem nächsten Hanau. Die Zeit muss sich ändern. Die Zeit wird sich ändern. Solange ich hier in Frankfurt bin, werde ich alles dafür tun, dass keine rechten Menschen eine Plattform geboten wird, mit denen sie ihre menschenverachtenden Ideologien verbreiten können. Der Diskurs zur Meinungsfreiheit ist hier nicht der Diskurs. Menschen wie ich, können hier nicht sitzen und zuhören darüber, dass die Buchmesse für einen Diskurs gelobt wird, der für andere existenziell ist. Vielen Dank für Ihre Aufmerksamkeit.

Herzlichen Glückwunsch.

◇

Fortführung der Begrüßung von Oberbürgermeister Peter Feldmann

Meine Damen und Herren,

auch das ist Frankfurt und gehört dazu. Es war nicht abgesprochen, aber ich denke, es hat gepasst und deshalb bedanke ich mich auch bei Ihnen für Ihren Mut. Damit sind wir im Thema des Tages.

»Sich selbst zu befreien ist eine Sache, den Besitz dieses befreiten Selbst zu behaupten eine andere.« Dieser Satz, den Toni Morrison in »Menschenkind« die ehemalige Sklavin Sethe sagen lässt, könnte aus der Tambudzai-Trilogie von Frau Dangarembga stammen. Darin kämpft eine junge Frau namens Tambu für das Recht auf Selbstbestimmung, gegen die Dominanz der Weißen, gegen das Patriarchat. Sie muss erkennen, dass Selbstbestimmung das dauerhafte Bohren dicker Bretter ist. Ein Hürdenlauf zu sich selbst, der ermattet und der zermürbt.

Die Geschichte vom Tambu, Frau Dangarembga, das ist ein Stück weit Ihre Geschichte.

Es ist die Geschichte einer Hürdenläuferin. Aber ich bin mir sicher: Sie laufen nicht nur für sich. Sie akzeptieren nicht, dass Menschen aufgrund von Geschlecht oder »Rasse« unterdrückt werden – oder weil Kolonialismus wie ein Echo aus der Vergangenheit die Gegenwart bestimmt.

Sie wollen, dass die Dinge anders, besser werden. In Ihrer Heimat Simbabwe, aber nicht nur da.

Sie fordern Gleichberechtigung. Sie stehen auf für Pressefreiheit, für den Kampf gegen Korruption – selbst wenn Machthaber, wie vergangenes Jahr, Sie mit Inhaftierung einzuschüchtern versuchen. Diese Haltung, die sich durch Ihre Romane, Dramen und Filme zieht, macht Sie zu einem Vorbild. Das zeigt: Sie sind hier am richtigen Ort. Häuser erzählen Geschichten. Dieser Ort, die Paulskirche, steht für Aufbruch, für den Kampf um Freiheit und Gleichheit, für Demokratie.

Hier nahm 1848 Demokratie in Deutschland ihren Anfang. Weil es Männer und Frauen gab, die sich nicht mit dem Status quo abfinden wollten. Weil sie glaubten, dass ein besseres Leben möglich ist.

»Handeln kommt aus der Hoffnung«, haben Sie einmal gesagt. Das kann als Motto über diesem Raum stehen. Frau Obama, Ihr Bruder hat immer gesagt: »Yes, we can.« Das ist die Gegenansage.

Wenn wir starr sind vor Angst, erstarren die Verhältnisse. Dabei haben wir die Dinge in der Hand, wir und niemand anders machen jeden Tag einen Unterschied. Lassen Sie uns deshalb gemeinsam hoffen, lassen Sie uns gemeinsam handeln. Vor allem, das ist das Versprechen: Wir werden uns nie wieder alleinlassen!

GREETING

Peter Feldmann

Lord Mayor of the City of
Frankfurt am Main

Freedom of expression is an extremely precious human right. However, when I read that authors have chosen not to come to Frankfurt for fear of encountering radical, right-wing publishers and authors here, I am obliged to call attention to the other rights enshrined in Germany's Basic Law. The very first article, for example, states that human dignity shall be inviolable.

The inviolability of human dignity is the highest priority of our constitution, of our values and of our Basic Law. It is also a key directive in the tradition of the Church of St. Paul. Frankfurt has no place for xenophobia. It has no place for anti-Semitism, Islamophobia, racism, threats or humiliation. We in Frankfurt have no sympathy for these things. We will simply not tolerate them! Which is also why I am delighted to be able to congratulate our distinguished prize recipient here today.

◇

INTERJECTION

Mirrianne Mahn

Frankfurter Stadtverordnete

Thank you, Peter, for your important words. The point is, however, that as a Black woman, as a city councillor in Frankfurt, I feel it is my duty to very clearly point out a paradox here: We are speaking about discourse and about freedom of expression. Right-wing ideologies that are contemptuous of humanity, however, do not constitute freedom of expression. The paradox is that here, today, in the Church of St. Paul, the cradle of German democracy, we are awarding the Peace Prize of the German Book Trade to a Black women, while at the same time, at this very same book fair, Black women were not welcome. And I use the words ›not welcome‹ intentionally, because no effort was made to ensure that these women could feel safe. This is not freedom of expression.

If we tolerate a situation in which right-wing extremists professing contemptuous ideologies are given a platform here in Frankfurt, in my city, in our city, in my home, that is, if we give people who don't want individuals who look like me – indeed, individuals who look like the prize recipient we are honouring today – to be a part of Germany today, then we are playing an active role in creating the next Hanau.* Times must change. Times will change. As long as I am here in Frankfurt, I will do everything I can to prevent right-wing extremists from gaining a platform upon which to spread their inhuman ideologies. The discourse on freedom of expression is not the discourse being pursued in this case. People like me cannot sit here and hear the book fair receive praise for a discourse that, for some, concerns our very existence. Thank you for your attention.

Congratulations.

◇

* On 19 February 2020, a far-right extremist with xenophobic motives murdered 9 people in the town of Hanau near Frankfurt.

Continuation of welcome greeting by Mayor Peter Feldmann

Meine Damen und Herren,

Ladies and gentlemen, this, too, is Frankfurt and befits the occasion. It wasn't planned, and yet I thank you for your courage. This brings us back to the topic at hand.

»Freeing yourself [is] one thing, claiming ownership of that freed self [is] another.« Uttered by the former slave Sethe in Toni Morrison's novel »Beloved«, this sentence could just as easily have come from Tsitsi Dangarembga's character Tambudzai in her trilogy of novels of the same name. In those books, a young woman named Tambu fights for the right to self-determination against the dominance of whites, and against the patriarchy. She soon comes to realise that the path towards self-determination involves a constant battle against an unmoving set of obstacles. It is a path of never-ending hurdles on the way to oneself. A path that drains a person, wears them down.

In some respects, Ms. Dangarembga, the story of Tambu is also your story.

It is the story of a hurdle runner. Then again, you are by no means running for yourself alone. Indeed, you refuse to tolerate that people are oppressed because of their gender or »race« – or because colonialism continues to shape our present like an echo from the past.

You want things to be different, to be better. In your home country of Zimbabwe, but not only there.

You insist on equal rights. You stand up for freedom of the press and against corruption, even when those in power try their best to intimidate you – as they did last year – and threaten you with incarceration. Your strength and defiance, which runs through all of your novels, dramas and films, has made you a role model for us all. It is what brought you to this place today. As the saying goes, every house has a story to tell. And this house, the Church of St. Paul, tells the story of a new awakening, of people's struggle for freedom and equality, and of democracy.

This is the place where democracy in Germany got its start in 1848. The drive towards democracy was propelled forward by men and women who refused to accept the status quo. Because they believed that a better life was possible.

Ms. Dangarembga, you once said: »Action comes from hope.« In many ways, this could be the motto of the house we find ourselves in today. Ms. Obama, you're brother is known for the phrase »Yes, we can.« It is a statement of defiance. Indeed, when we are frozen by fear, the result is often that conditions and relationships become rigid and inflexible. And yet we have everything we need in our own hands. We are the ones who can make a difference every day. Let us therefore join together in hope, let us take action together. Above all, and this is a promise, we shall never leave each other alone again!

Translated into English by The Hagedorn Group.

LAUDATIO

Auma Obama

Gegen alle Widerstände

Danke, dass Sie alle hier sind, um mit mir meine langjährige Freundin und Gleichgesinnte Tsitsi Dangarembga zu feiern.

Liebe Tsitsi, es ist für mich eine ganz besondere Ehre, hier zu stehen und dich für deine Verdienste um die Literatur zu feiern. Ich bin sehr, sehr stolz auf dich, und ich freue mich riesig, ein Teil dieser feierlichen Preisverleihung sein zu dürfen.

Mit deiner Arbeit hast du gegen alle Widerstände – du wurdest verhaftet – und mit allen möglichen Mitteln – schreiben, Filme machen, laut werden – für die Stimmlosen und für die Meinungsfreiheit in deinem Land Simbabwe gekämpft. Du hast ein differenziertes Bild des afrikanischen Kontinents in die Welt hinausgetragen, an den Mann gebracht. Dafür danken wir Afrikaner*innen dir.

Der Weg zu deinem Erfolg war nicht leicht. Ich weiß das. Einen Teil der Strecke bin ich vor vielen, vielen Jahren – mit 29 Jahren; wir werden ja nicht älter – mit dir zusammen gegangen. Als ich dich kennenlernte, Tsitsi, hattest du schon einige bedeutende Meilensteine überwunden. Du jagtest der Frage nach, wie du an den großen Erfolg deines ersten Romans, »Aufbrechen« – auf Englisch: »Nervous Conditions« –, anknüpfen könntest, wie du überhaupt die innere Ruhe finden würdest, um noch ein Buch zu schreiben. Erst als ich viele Jahre später selbst ein Buch schrieb – mit weitaus weniger Erfolg als du –, erlebte ich, wie es ist, wenn einem der Verleger im Nacken sitzt. Es war nicht einfach.

Du bist seitdem, Gott sei Dank, sehr weit gekommen, liebe Tsitsi, mit vielen erfolgreichen Büchern, darunter drei Romanen, und mehreren Ehrungen. Wir sind heute hier versammelt, um dich, um diesen Erfolg zu feiern. Hätte ich dir das damals vorhergesagt, hättest du es mir nicht geglaubt. Oder eventuell doch! Denn bei deinem Ehrgeiz, positiv gesehen, wäre ich nicht erstaunt gewesen, wenn du mir gesagt hättest: »Ja, wer weiß, was passieren könnte, wenn man/frau sich mehr als 100 Prozent einer Sache hingibt?« So warst du, wirklich entschlossen und hart arbeitend.

Die Spekulation auf deinen späteren Erfolg, Tsitsi, war schon damals nicht auszuschließen. Und so ist es gekommen. Es muss sich toll anfühlen, so weit gekommen zu sein. Das gönne ich dir von ganzem Herzen. Feiere dich, Tsitsi! Wir gönnen es dir. Du hast so hart gearbeitet.

Aber, liebe Tsitsi, obwohl mit Recht das Ankommen gefeiert werden muss und du dich auch darüber freuen musst, will ich dich daran erinnern, dass das Ankommen nicht das Wichtigste ist. Es ist der Weg dahin. Ich weiß, es ist toll. Meine Tochter würde sagen: Wow, es fühlt sich so toll an! Echt geil, dass du diesen Preis bekommst! – Aber der Weg dahin ist genauso wichtig und gehört genauso gewürdigt zu werden.

Ich erinnere dich ein bisschen an diesen Weg: Du hast dich damals, als ich dich kennenlernte, in einen Raum vorgewagt, Deutschland, der dir völlig fremd war. Ein fremdes Land, eine fremde Kultur, fremde Menschen – alles war fremd. Und doch wolltest du hier sein. Du wolltest dir hier einen Ort schaffen, an dem du dich künstlerisch ausdrücken konntest. Ich verstehe das gut. Denn auch ich war nach Deutschland geflüchtet, um aus dem vertrauten Umfeld herauszukommen – auf der Suche nach einem Ort, wo ich meine Stimme finden und ganz ich selbst sein konnte.

Unsere Wege führten uns beide zur Deutschen Film- und Fernsehakademie Berlin. Wir wollten mit bewegten Bildern unsere Geschichten erzählen. Wir hatten große Träume. Wir waren voll drin, aufgeregt, leidenschaftlich. Aber es war nicht einfach. Wie am besten Gehör finden? Wie gesehen werden? Das waren die Fragen, die wir damals gestellt haben. Wie inmitten von so viel Fremdheit wirklich gesehen werden? Es war schwierig, gerade weil dort doch wir die eigentlichen Fremden waren.

Bestimmt hättest du manchmal am liebsten aufgegeben, Tsitsi, der Versuchung nachgegeben, einfach ein normales, gewöhnliches Leben zu führen. Warum sich mühsam Gehör verschaffen, wenn man auch irgendwie so durch das Leben kommen könnte? Warum unbedingt ein Forum für mehr Gerechtigkeit schaffen, wenn man selber bequem dahinleben könnte? Das Leben wäre sehr viel einfacher gewesen, für dich, für uns. So denken wir. Wenn wir das gekonnt hätten, hätten wir es gemacht.

Aber für uns war das Gewöhnliche nicht das Normale. Du bist nicht gewöhnlich, Tsitsi. Du bist nicht gewöhnlich. Eigentlich bin ich auch nicht gewöhnlich. Ein »gewöhnliches« Leben ist/war keine Option für dich – weder für dich, Tsitsi, noch für mich. Denn wir sind getrieben und fühlen uns in der Verantwortung, Veränderungen zum Guten zu ermöglichen. So sind wir eben. Wie die Engländer sagen: »My cross I have to carry.«

Weswegen Deutschland? Das fragen sich viele Leute, bei dir genauso wie bei mir. Wir gingen nach Deutschland, weil man/frau in der Fremde das Vertraute wiederfindet. Davon bin ich überzeugt. Egal, wie hart das ist – wir haben es vorhin gehört –, aber in der Fremde hat man die Zeit, sich selber zu sehen, weil andere dich anders sehen. Man hat die Zeit, sich zu hinterfragen: Wer bin ich eigentlich? Denn andere versuchen, dich zu definieren. Diese Auseinandersetzung mit sich selbst findet zu Hause, im Vertrauten sehr schwer statt. Ich behaupte: Weit weg vom Lärm des Vertrauten, von den Forderungen des Vertrauten, was man machen darf und nicht machen darf, konntest du, Tsitsi, wieder deine eigene Stimme finden und deinen Weg klarer vor Augen sehen. Deswegen Deutschland. Im Grunde steht Deutschland einfach für das Ausland, wegkommen vom Vertrauten, um sich wieder klarer und besser sehen zu können.

Und natürlich kam auch die Liebe dazu. Denn es gibt ja den lieben Ehemann Olaf, der aus dieser Zeit stammt. Hi, Olaf! Lange nicht mehr gesehen! Und nun bist du, liebe Tsitsi, nicht nur die Mutter dreier wunderbarer Kinder, die heute auch hier sind – Tonderai, Chadamoyo und Masimba, ich freue mich, dass ihr da seid –, sondern auch als anerkannte Autorin, Filmemacherin und Aktivistin eine der bedeutsamsten und wichtigsten Stimmen auf dem afrikanischen Kontinent und hoffentlich bald, mit diesem Preis, weltweit.

Danke, Tsitsi, dass ich vor all den Jahren ein Stück deines Lebenswegs mit dir gehen durfte. Danke, dass ich auch heute hier bei dir sein darf, bei dieser besonderen Station deines Lebens. Ich bin so stolz auf dich! Für all das, was du geleistet hast, Tsitsi, und noch leisten wirst – als Autorin, als Filmemacherin, als Aktivistin –, ehren wir dich heute. Es ist dein Tag. Es ist dein Preis. Es ist dein Verdienst. Das musst du jetzt in dich aufnehmen; sauge es auf wie ein Schwamm, liebe Freundin!

Somit erlaube ich mir, liebe Tsitsi, dich heute zur Verleihung des Friedenspreises des Deutschen Buchhandels im Namen von uns allen hier, aber insbesondere auch im Namen aller Afrikanerinnen und Afrikaner, Erwachsenen wie Kindern – denn für sie bist du ein Vorbild –, zu beglückwünschen.

Meine Hochachtung, liebe Tsitsi! Ich habe, glaube ich, die schwierigste Zeit deiner Reise durchs Leben miterlebt. Gott sei Dank bist du da herausgekommen. Dafür danke ich auch Olaf. Du bist für sie ein Fels in der Brandung; das weiß ich.

Mach weiter so, Tsitsi! Hör nicht auf! Wir stehen hinter dir. Wir sind so stolz auf dich! Und nochmals vielen, vielen Dank, liebe Freundin, dafür, dass ich hier dabei sein durfte. Ich wünsche dir weitere Erfolge und alles, alles Gute für die Zukunft!

Seien Sie nicht erstaunt, dass Tsitsi Dangarembga diesen Preis bekommen hat. Bitte lesen Sie afrikanische Literatur. Schauen Sie über Ihren Horizont hinaus. Wir sind da. Wir sind stark. Wir haben etwas mit Ihnen zu teilen. Es ist eine Bereicherung. Lesen Sie, was auf dem afrikanischen Kontinent geschrieben wird. Lassen Sie es nicht ein Einzelfall sein. Read African books!

LAUDATORY SPEECH

Auma Obama

Against all odds

Thank you all very much for joining me here today to celebrate my long-time friend and kindred spirit Tsitsi Dangarembga.

Dear Tsitsi, it is a very special honour for me to stand here and celebrate you for your extraordinary contribution to literature. I am so proud of you. And I am thrilled to be a part of this festive award ceremony.

Throughout your entire career, you have fought against all odds. Even when you were arrested, you continued to fight, using all possible means – writing, filmmaking and activism – to stand up for those who have no voice and for freedom of expression in your country, Zimbabwe. You succeeded in transmitting a differentiated image of the African continent to the rest of the world. You brought this image out to the people. And for that, we Africans thank you.

The path to your success was not an easy one. I know. Many, many years ago, I walked a part of that journey together with you – we were 29 years old then, and of course we haven't aged a day since. I met you, Tsitsi, at a time in your life when you'd already achieved a number of significant milestones. You were struggling to match the success of your first novel, »Nervous Conditions«, and wondering how you would ever find the inner peace to write another book. Not until I wrote my own book, many years later – nowhere near as successful as yours – did I come to understand what it means to have a publisher breathing down one's neck. It wasn't easy.

You have come a long way since then, thank God, dear Tsitsi, with many successful books, including three novels and several awards. And we are here today to celebrate this success. If I had tried to tell you, back then, that this success would come one day, you would not have believed me. Or maybe you would have! Indeed, with your ambition, positively speaking, I wouldn't have been surprised if you'd told me, »Yes, who knows what can happen when you give more than 100 percent to a cause?« That was how you were then, truly determined and hard-working.

In other words, even back then, it was entirely appropriate to imagine your eventual success, dear Tsitsi. And look at how things turned out. It must feel wonderful to have come this far. With all of my heart, I am delighted at your success. Celebrate yourself, Tsitsi! We wish you all of this and more. You worked so hard.

And yet, dear Tsitsi, although it is right to celebrate your arrival and you simply must be happy about it, I would like to remind you that arriving is not the most important thing. It is the journey that's important. I know, it's a great feeling. My daughter would say: »Wow, it feels so amazing! It's totally awesome that you're getting this award!« But the journey to this point is just as important, and it deserves to be acknowledged and appreciated as such.

Allow me to remind you of some of the moments on this journey. When I met you, you had just ventured into a space, Germany, which was completely foreign to you. A foreign country, a foreign culture, a foreign people – foreign everything. And yet you still wanted to be here. You wanted to create a place for yourself, to find the space and time you needed to express yourself artistically. I can relate. I, too, came to Germany, as a way of moving away from my familiar surroundings in search of a space where I could find my own voice and be completely myself.

Our paths led us both to the German Film and Television Academy in Berlin. We wanted to use moving pictures to tell our stories. We had big dreams. We were fully immersed in our work there, excited and passionate. But it was not easy. How best to be heard?

How best to be seen? Those were the questions we asked at the time. How to be truly seen in the midst of so much foreignness? It was very difficult, especially because, in that context, it was we who were the foreigners.

I'm sure you would have preferred to give up on occasion, Tsitsi, to simply give in to the temptation to lead a normal, ordinary life. Why struggle to make yourself be heard when you could get by just by making due? Why create a forum to foster more justice? Life would have been much easier for you, for us. That's how we think sometimes. If we could have done it that way, we would have.

But the ordinary was not the normal for us. You are not ordinary, Tsitsi. You are not an ordinary person. Come to think of it, I'm not an ordinary person either. An »ordinary« life was never an option for you – not for you, Tsitsi, and not for me. Because we are individuals who are driven, compelled by our sense of responsibility to enable positive change. It's just the way we are. As the English say: »My cross I have to carry«.

Why Germany? Many people ask this question, both of you and of me. We went to Germany because it is indeed true that being in foreign worlds allows one to rediscover the familiar. I am convinced of this. No matter how difficult it is – and we heard speak of this earlier – the fact is that in a foreign country, you have time to take a look at yourself, precisely because others are seeing you differently. You have time to question yourself: Who am I anyway? Precisely because other people are also trying to define you. This confrontation with oneself is very difficult at home, in the familiar. I would argue that you, dear Tsitsi, far away from the noise and the demands of the familiar, far away from what is permitted and what is prohibited, were able to find your own voice, to see your own path more clearly before your eyes. This is why we chose Germany. Basically, Germany represents a foreign world, the idea of getting away from the familiar in order to be able to see oneself better and more clearly.

And, of course, love also played a part in this journey. Indeed, your beloved husband, Olaf, entered the stage at this time. Hi, Olaf! Long time, no see! And now, dear Tsitsi, you are not only the mother of three wonderful children, all three of whom are here today – Tonderai, Chadamoyo and Masimba, I'm so happy that you're here – but you are also an acclaimed author, filmmaker and activist, one of the most important and prominent voices on the African continent and, hopefully soon, thanks to this award, a leading voice across the globe.

Thank you, Tsitsi, for allowing me to walk alongside you for a part of your life's journey all those years ago. Thank you for inviting me to be with you today, at this special stage in your life. I am so proud of you! We are honouring you here for everything you've done, Tsitsi, and for everything you will no doubt accomplish in the future – as an author, filmmaker and activist. It is your day. It is your prize. These are your accomplishments. You must take it all in now. Soak it up like a sponge, dear friend.

So allow me, dear Tsitsi, to congratulate you today on receiving the Peace Prize of the German Book Trade, on behalf of all of us here, but in particular on behalf of all Africans, both children and adults, because you are a role model for us all.

Allow me to express my deepest respect for you, dear Tsitsi! I believe I was privy to the most difficult time on your journey through life. And I thank God that you made it through. I would also like to thank Olaf. I know that you are a rock for my dear friend.

Keep up the good work, Tsitsi! Don't stop! We are behind you. And we are so proud of you! And again, thank you, dear friend, for having me here today. I wish you continued success and all the best for the future!

Ladies and gentlemen, don't be surprised that Tsitsi Dangarembga has received this award. I encourage you to go out and read African literature. Look beyond your own horizon. We are out there. We are strong. We have something to share with you. It is something very enriching. I encourage you to read what is being written on the African continent. Don't let this be an isolated case. Read African books!

Translated into English by The Hagedorn Group.

DANKESREDE

Tsitsi Dangarembga

Für die, die sich im Wal befinden: Wir brauchen eine neue Aufklärung

Sehr geehrte Gäste,
ich beginne damit, mich bei Ihnen zu bedanken dafür, dass ich heute hier sein kann. Vielen Dank, dass Sie Ihr Herz für mich und für meine Arbeit geöffnet haben. Und danke dafür, dass ich mich gehört fühle. Danke Auma, für diese hervorragende Rede. Vielen Dank, Karin Schmidt-Friderichs, vielen Dank Herr Oberbürgermeister.

◇

Wenn ich heute vor Ihnen stehe, fühle ich mich, wie ich mir vorstelle, dass sich Jona im Wal gefühlt haben muss. Verschluckt von einem großen Tier wie ein vorbeitreibendes Stückchen Plankton, gelandet in den Eingeweiden eines riesigen Säugetiers, ohne zu wissen, wie er einen Weg hinaus aus dem großen aufgewühlten Magen finden soll, aber wohl wissend, wie das Ergebnis des Verdauungsprozesses aussieht, und deshalb ist er zwar dankbar, dass er nicht mehr in der tobenden See herumgeworfen wird, aber auch äußerst aufgeregt.

Der Friedenspreis des Deutschen Buchhandels 2021 ist für mich Grund zu ähnlich großer Aufregung in meinem Leben. Nie hätte ich gedacht, dass ich einmal an diesem schönen Ort in Frankfurt stehen würde, einer Stadt in einem Land, das für mich immer die starke Nabelschnur des Westens war, um den wichtigsten Preis des deutschen Buchhandels entgegenzunehmen. Deshalb bin ich überrascht, heute vor Ihnen zu stehen. Gleichzeitig bin ich über die Entwicklung der Ereignisse hocherfreut und fühle mich geehrt. Ich bin meinem Verlag, dem Orlanda Verlag, dankbar, der mein Werk zuerst veröffentlicht und dann nominiert hat; und ich danke der Jury, die meiner Stimme positiven Wert zuerkannt hat, einer Stimme aus dem Teil der Welt, der so oft als das »Andere« beschrieben und so oft mit negativen Konnotationen belegt wird. Auf diesem Planeten leben sieben Milliarden Menschen. Ich gehöre jetzt zu den wenigen von diesen vielen, die verstehen, was für ein großes Privileg es ist, sich an einem Ort zu befinden, an den mich nicht einmal die Fantasie hätte versetzen können.

◇

Simbabwe – der Staat, aus dem ich komme – hat nie Frieden gekannt. Unterschiedliche Formen institutionalisierter Gewalt wurden von weißen Körpern gegen schwarze Körper ausgeübt, als die britischen Siedler kamen, um das Land zu besetzen. Mitglieder der Britischen Südafrika-Gesellschaft, der privaten Gesellschaft, die Cecil Rhodes 1889 gründete und deren Mitglieder Vorreiter des britischen Empires waren, bedienten sich brutaler Praktiken, um die örtliche Bevölkerung unter Kontrolle zu bringen.

Cecil Rhodes' Pionier-Kolonne von 500 Männern, ausgestattet mit einem Arsenal an Waffen, darunter Maxim-Maschinengewehre, marschierte in das Gebiet ein, das heute Harare ist, die Hauptstadt von Simbabwe, um das Land 1893 formell für das britische Empire zu annektieren. Nach der Ankunft der Invasoren bestand ein ökonomischer Gewaltakt darin, schwarzen Menschen für die Häuser, in denen sie lebten, eine Geldsteuer aufzuerlegen. Die Bevölkerung nutzte damals keine Geldwirtschaft, und so wurde sie von der Siedlergemeinschaft dazu gezwungen, unter den von den Siedlern festgelegten Bedingungen zu arbeiten, um das für die auferlegte Steuer benötigte Geld zu verdienen. Eine andere Form ökonomischer Gewalt waren unterschiedliche Preise für die gleichen landwirtschaftlichen Produkte, abhängig von der Hautfarbe des Produzenten, wobei schwarzen Produzenten weniger bezahlt wurde als weißen. Zudem gab es Beschränkungen bei den Waren, mit denen Schwarze handeln durften. Auch was die Ernährung betraf, wurde von den Siedlern Gewalt ausgeübt, indem sie traditionelle kleine Getreidesorten zugunsten weniger nährstoffreichen Mais verdrängten, den die europäischen Siedler eingeführt hatten. Metaphysische Gewalt beinhaltete die Verunglimpfung von präkolonialen Glaubensvorstellungen und anderen symbolischen Systemen, wie religiösen, politischen, Rechts-, Wissens- und Sprachsystemen. Die metaphysische Gewalt war Teil einer vorsätzlichen britischen Strategie zur Erschaffung eines metaphysischen Imperiums. Und hier in Deutschland sieht man das auch insofern, als sich immer mehr Englisch in die Sprache einschleicht.

Schwarze Körper wurden unterschiedlichen Formen der Gewalt unterzogen, als sich der neue Staat der Siedler etablierte. Dazu gehörten das Verbot schwarzer politischer Parteien, Polizeibrutalität, juristische Schikanen, Entführung, Haft und Folter. Die gewaltsame Verweigerung von Freiheit wurde in Gesetzen festgeschrieben, die unter anderem bestimmten, wo schwarze Menschen wann sein durften, wo schwarze Körper Unterricht erhalten konnten, wo ein schwarzer Körper Land kaufen oder Landwirtschaft betreiben durfte und welche alkoholischen Getränke ein schwarzer Körper wo kaufen oder trinken durfte.

1965 erklärten die britischen Siedler des Landes, das jetzt Rhodesien genannt wurde, ihre Unabhängigkeit von Großbritannien. Die Unabhängigkeitserklärung der weißen Bevölkerung war eine Reaktion auf die britische Politik der Dekolonialisierung durch Verhandlungen mit den Kolonien, die in den 1950er Jahren ihren Anfang nahm. Diese neue Politik war ihrerseits die Reaktion des Empires auf Unruhen in den Kolonien, wo politisch für die Unabhängigkeit nach dem Mehrheitsprinzip gekämpft wurde. Da das Mehrheitsprinzip in einem überwiegend schwarzen Staat die Herrschaft der Schwarzen bedeutet hätte, handelte die weiße

Siedlergemeinschaft von Rhodesien, um genau das zu verhindern, indem sie einseitig die Unabhängigkeit von Großbritannien erklärte.

Schwarze Agitation für das Mehrheitsprinzip wurde nach der einseitigen Unabhängigkeitserklärung der weißen Siedler von 1965 fortgesetzt. Neue Formen ethnisch determinierter Gewalt wurden angewandt. Zum Beispiel fürchtete der Siedlerstaat, von einer rasch anwachsenden schwarzen Bevölkerung überschwemmt zu werden, und führte insgeheim eine Politik der Geburtenkontrolle ein, wie die Sterilisation fruchtbarer schwarzer Frauen ohne deren Einverständnis. Zugleich veranlasste das Bemühen, die weiße Bevölkerung im Land zu behalten, den Siedlerstaat, repressive Regulierungen einzuführen, um die Emigration weißer Bürger zu verhindern.

Simbabwe war schon immer ein gewalttätiger und repressiver Staat. Infolge dieser Geschichte war Simbabwe bei seiner Unabhängigkeit 1980 ein gewaltbereiter alter Siedlerstaat, dessen Zeit vorbei war. Der neue Nationalstaat, entstanden durch einen brutalen Freiheitskampf, in dem von beiden Seiten Gräueltaten verübt wurden, auf die ich hier nicht eingehen kann, war ebenso gewalttätig. Die militaristische Rhetorik konzentrierte sich auf Konflikte, Feindschaft und Feindseligkeit, und das ist die Philosophie, die bis zum heutigen Tag die simbabwische Obrigkeit beherrscht. Widersacher und Feinde sind alle Entitäten, auch die Bürger Simbabwes und ihre Organisationen, die sich den Wünschen der Militärherrscher nicht fügen. Klagen über Einschüchterung und Folter durch die Zanu-PF begannen bereits 1980, dem Jahr der Unabhängigkeit. Ein ganzer Völkermord wurde ein paar Jahre später vom Rest der Welt übersehen. Seitdem flackert Gewalt, die sich der grausamen Taktiken des Freiheitskampfs bedient, immer dann auf, wenn Macht angefochten wird, normalerweise zu Zeiten von Wahlen, doch auch bei anderen Gelegenheiten.

◇

Die prägende Gewalt des simbabwischen Staats ist kein isoliertes historisches Ereignis. Der größere Teil der Welt hat die facettenreiche Gewalt des westlichen Imperiums erlitten, wie ich sie im Fall Simbabwes beschrieben habe. Diese Gewalt ist üblich bei allen imperialen Unternehmungen des westlichen Viertels der Welt im Rest der Erde, ein Prozess, der im 15. Jahrhundert begann. Ja, in manchen Fällen, wie zum Beispiel dem der USA, war der Prozess noch gewaltsamer, wobei ganze Völker durch Genozid ausgelöscht wurden. Wir sollten also nicht überrascht sein, dass Gewalt – physische, psychologische, politische, ökonomische, metaphysische und genozidale – zu oft in postkolonialen Ländern an der Tagesordnung ist. Diese Arten der Gewalt sind in die Strukturen der globalen Ordnung, in der wir leben, integriert und wurzeln in den Strukturen des westlichen Imperiums, dessen Anfänge sich vor über einem halben Jahrtausend bildeten. Das heißt, dass der Westen mit all seiner Technologie, seinen Überzeugungen und seiner Praxis auf vielfachen weiterhin praktizierten Formen der Gewalt aufgebaut ist, die er in den Rest der Welt exportiert hat und die jetzt in postkolonialen Staaten so eifrig praktiziert werden wie zuvor in imperialen und kolonialen Staaten.

Es liegt auf der Hand, dass Frieden unter diesen Bedingungen nicht gedeihen kann. Nur Gewalt gedeiht unter den Bedingungen von Gewalt. Es ist wohl bekannt, dass Gewalt weitere Gewalt erzeugt, und das sehen wir heute auf der ganzen Welt, auch in den Heimatstaaten des Imperiums. Imperiale Gewalt schuf Bedingungen, die viele Menschen veranlassten, ihre Heimat zu verlassen und in imperiale Länder zu migrieren. Das gefällt den Bürgern imperialer Staaten nicht, und sie üben auf mehrfache Weise Gewalt aus gegen die Körper vom Migranten, darunter institutionelle Gewalt, die als administrative Notwendigkeit gerechtfertigt wird, eine Rechtfertigung, wie sie auch in kolonialen Zeiten geläufig war. Zur gleichen Zeit legen sich in imperialen Nationen Bürger, die einen hoch entwickelten Sinn für Frieden und Gerechtigkeit haben, mit Partnerländern an, die Gewalt gegen Migranten ausüben. Die Folge sind Konflikte innerhalb des imperialen Kerngebiets. Heute haben wir ein herrausragendes Beipsiel dafür gesehen, obwohl herrausragend vermutlich nicht das richtige Wort ist. Aber es ist so. Es ist eindeutig eine No-win-Situation. Was sollen wir also tun, um Frieden zu fördern? Die globale Struktur, die diese Art von Gewalt geschaffen hat, kann nicht einfach aufgelöst werden. Die über sieben Milliarden Menschen auf diesem Planeten sind heute alle mit diesem globalen System verbunden und darin eingebettet.

Hier ist eine Antwort, und ich glaube, dass die Antwort einfacher ist, als wir vielleicht denken. Die gewaltsame Weltordnung, in der wir heute leben, wurde von gewissen hierarchischen Denkweisen etabliert. Die Lösung ist, ethnisch determinierte und andere hierarchische Denkweisen abzuschaffen, die auf demografischen Merkmalen wie sozialem und biologischem Geschlecht, Religion, Nationalität, Klassenzugehörigkeit und jedweden anderen Merkmalen beruhen, die in der gesamten Geschichte und überall auf der Welt die Bausteine des Imperiums waren und noch immer sind.

Von unseren derzeitigen globalen Ausgaben fließt viel Geld in die Beeinflussung von Gruppenverhalten. Disziplinen wie Marketing und Betriebswirtschaft, Politik und Werbung werden in der ganzen Welt gelehrt. In diesen Kursen wird den Studentinnen und Studenten beigebracht, eine Zielgruppe zu definieren, indem man eine Population anhand einer Reihe demografischer Merkmale segmentiert. Die Bedürfnisse dieser Population werden dann manipuliert, wobei der Zweck der Manipulation nicht das Wohl der betroffenen Personen oder die Verbreitung von Frieden ist, sondern etwas zu maximieren, das wir Profit nennen. Dieser kann finanzieller, politischer, sozialer oder anders gearteter Profit sein.

Doch diese Sache, die wir Profit nennen, gibt es nicht. Absolut gesehen ist das Konzept des Profits ein Trugschluss. In menschlicher Hinsicht und in der Welt, in der wir physisch leben, sind Ereignisse und Dinge in Zeit und Raum verortet. Wert, der zu einer bestimmten Zeit an einem bestimmten Ort erscheint, ist der Wert, der aus einer anderen Zeit und von einem anderen Ort abgezogen wurde. Ein System, das auf Profit basiert – darauf, mehr zu erhalten, als man gibt – ist ein System der Ausbeutung. Ein System, das einerseits Konzentration und andererseits ein Defizit erzeugt, ist ein System des Ungleichgewichts. So ein System ist notwendigerweise instabil und deshalb auch nicht nachhaltig. Wie ist es möglich, dass wir in ein instabiles, nicht nachhaltiges System investieren, das uns zwangsläufig in den Untergang führt?

Vor knapp 400 Jahren schrieb ein Franzose eine lange Abhandlung über die Natur der Gewissheit, das heißt über Erkenntnis ohne Zweifel. Einen Satz davon kennen wir alle. Es ist der Satz »Ich denke, also bin ich«, einer der berühmtesten und bekanntesten Sätze der westlichen Philosophie. In dieser Konzeptualisierung der Welt ist »Ich denke« der einzige unwiderlegbare Beweis, den eine Person von ihrer Existenz hat. Alle anderen Beweise könnten falsch sein. »Ich denke« bezeugt das »Ich bin« oder die Existenz einer Person, und dieser Grundsatz wurde als »Ich denke, also bin ich« formuliert.

Für mich, die ich das Glück hatte, dass mir seit meiner Kindheit neben dem westlichen ein anderes Erkenntnissystem zugänglich war, mehr aufgrund von Erfahrungen als intellektuell, sind die Gefahren dieser Epistemologie unübersehbar. Erstens ist dieser berühmte Satz, wie weithin anerkannt, nur eine kurze Version dessen, was ursprünglich formuliert wurde. Die ursprüngliche Formulierung bezog die nützliche Natur des Zweifels beim

Zustandekommen von Wissen mit ein: Ich zweifle, also denke ich, also bin ich. Aber genau die Denkprozesse, die eigentlich Erkenntnis durch Zweifel gewinnen sollten, weigerten sich zu zweifeln und optierten stattdessen für die Gewissheit von »Ich denke, also bin ich« – die Version, die heute allgemeine philosophische Währung ist.

Was bewirkt diese allgemeine philosophische Währung? Denken heißt, ein Selbstgespräch zu führen. Ein Selbstgespräch besteht einerseits aus einem Prozess – wie sprechen wir mit uns – und andererseits aus dem Inhalt – was sagen wir uns. Den Prozess des eigenen Denkens oder Selbstgesprächs mit Sein gleichzusetzen, führt zu mehreren Fehlern in unserer Erkenntnis. Zwei von ihnen möchte ich erwähnen, die besonders relevant sind für mein Gefühl, wie Jona im Wal zu sein. Beide Fehler nehmen Bezug auf Unterschiedlichkeit.

Betrachten wir einen Geist, der nicht unser eigener ist. Nehmen wir an, dass dieser Geist, der nicht unser eigener ist, einen anderen Inhalt hat als unserer; oder dass er ein anderes System benutzt, um Inhalt aufzurufen und zu arrangieren und somit Bedeutung herzustellen; oder dass er sich von unserem eigenen Geist sowohl durch den Inhalt als auch durch die Denkweise unterscheidet. Diejenigen, die glauben, dass in der Welt zu sein und in der Welt zu erkennen auf dem »Ich denke« beruhen, können sehr leicht zu dem Schluss kommen, dass ein Geist, der sich anderer Inhalte und anderer Prozesse der Kombination von Inhalten bedient, überhaupt nicht denkt und also überhaupt kein »Ich« darstellt.

Nehmen wir nun an, dass dieser Geist, der nicht der eigene ist, einen Körper hat. Es ist leicht zu verstehen, dass dieses körperliche Wesen, das nicht man selbst ist, das nicht so denkt wie man selbst, und von dem es deswegen heißt, dass es nicht denkt, sehr wahrscheinlich in uns die Schlussfolgerung »Es denkt nicht, also ist es nicht« aufruft. Da jemand, der »Ich denke, also bin ich« denkt, sich selbst als Mensch betrachtet, wird jemand anders, der anders denkt, als nicht wie ich oder nicht als Mensch wahrgenommen. Wie wir wissen, hat die Aberkennung des menschlichen Werts anderer Menschen den Effekt, den menschlichen Wert zu erhöhen, den wir uns selbst zuschreiben; und wir wissen auch, dass dieser Mechanismus der differenziellen Zuschreibung von Menschlichkeit für einen Großteil der Gewalt verantwortlich ist, mit der die Menschen einander heimsuchen.

Ich weise darauf hin, nicht um die Aufklärung zu diskreditieren. Es fällt mir, die keinen persönlichen direkten Bezug zur Geschichte Europas und ihrem Narrativ hat, sehr schwer, mir vorzustellen, wie das Leben während des dunklen Mittelalters war und wie sehr die gedankliche Revolution, die die Aufklärung war, gebraucht wurde. Mir geht es darum, meine Stimme denen hinzuzufügen, die sagen, dass die Aufklärung der vergangenen Jahrhunderte abgelaufen ist und wir alle auf diesem Planeten heute dringend eine neue Aufklärung brauchen.

Die Erkenntnisse der vergangenen Jahre und Jahrhunderte reichen nicht aus. Sie haben uns nicht gerettet. In meinem Teil der Welt war der Kern unserer Lebensphilosophie die Idee »Ich bin, weil du bist«, jetzt als Philosophie des Ubuntu anerkannt. Diese Philosophie wird noch immer in Begrüßungen wie »Mir geht es gut, wenn es dir gut geht« ausgedrückt, aber auch diese Philosophie hat uns nicht gerettet. Wir müssen neue Gedanken entwickeln, sie aus den Ecken des Universums ziehen, wo sie entstehen, um den Paradigmenwechsel zu bewirken, der unsere Art und Weise bestimmt, wie wir Erkenntnis erlangen, Wert und Bedeutung zuschreiben, die für unser Überleben notwendig sind, während unsere Ozeane verschmutzen, die Ozonschicht dünner wird, sich das Klima wandelt, Temperaturen und Meeresspiegel ansteigen, trotz des wissenschaftlichen Fortschritts Krankheiten wüten, Hunger herrscht und schwarze Körper im Meer ertrinken auf dem Weg zu denen, die zuerst zu ihnen segelten, und in dieser Zeit immer wieder zum Opfer dessen werden, was Fortschritt genannt wird.

Es wird keine Wunderheilungen für unsere gedanklichen Fehler geben. Was wir tun können ist, unsere Denkmuster zu verändern, Wort für Wort, bewusst und beständig, und daran festzuhalten, bis wir Ergebnisse sehen in der Weise, wie wir Dinge tun und welche Folgen sich daraus ergeben. Ich möchte vorschlagen, dass eine Möglichkeit, wie die Menschen in Deutschland dazu beitragen können, darin besteht, das Denken über das N-Wort zu verändern. Ich habe gehört, dass es hier weiterhin einen Streit gibt über die Natur des N-Worts und ob es an sich schon gewalttätig ist. Die, die sich dafür entscheiden, es weiter zu verwenden, berufen sich nur auf einen faktischen Inhalt. Zugleich bezeugen die, die mit dem N-Wort bezeichnet werden, und auch deren Fürsprecher und Fürsprecherinnen hier im Lande die gewaltsame Natur des N-Worts. In diesen Fällen haben wir die Wahl, ob wir das »Ich« von »Ich denke« hochschätzen oder über das »Ich« hinausschauen zu dem »Wir« im Inhalt unserer Gedanken. Über das »Ich« hinauszuschauen zum »Wir« könnte zu horizonterweiternden Neuformulierungen des Satzes des Franzosen führen, zum Beispiel zu »Wir denken, also sind wir« oder sogar zu »Wir sind, also denken wir«, und mit Letzterem den Ort der Hochschätzung vom rationalen »Denken« zum empirischen »Sein« verschieben.

◇

Das Gefühl, mich im Bauch des Wals zu befinden, betrifft vielleicht nicht nur mich. Mir wird zunehmend klar, dass wir alle im Bauch des Wals unseres derzeitigen Paradigmas sind. Im Gegensatz zu Jona werden wir nicht ausgespuckt werden, da wir das Paradigma, in dem wir leben, selbst geschaffen haben. Wir haben es mit unseren Entscheidungen konstruiert, gemäß dem, was wir für Erkenntnis und Gewissheit halten. Wenn überhaupt werden wir dort nur durch unsere eigene Entscheidung herauskommen, diese Konstruktionen zu zerlegen und nachhaltige andere zu bauen.

Unsere Entscheidung, was und wie wir denken, ist letztlich eine Entscheidung zwischen Gewalt oder Frieden fördernden Inhalten und Narrativen. Das gilt in gleichem Maße, wenn wir diese Inhalte und Narrative in Gedanken nur für uns selbst formulieren und auch, wenn wir sie anderen um uns herum mitteilen. Beides ist fruchtbar.

Die Beziehung zwischen Gedanken, Narrativen, Gewalt und Frieden ist es, die den Friedenspreis des Deutschen Buchhandels so bemerkenswert macht. Der deutsche Buchhandel würdigt, dass Symbole, die Wörter, die in Büchern stehen, in unseren Gedanken aktiv werden und sie beeinflussen mit der Folge, dass die Wörter, die in Büchern stehen, in unseren Gedanken aktiv werden und sie beeinflussen – mit der Folge, dass die Wörter, die in Büchern stehen, eine Rolle in der Ausbildung unserer Tendenzen zu entweder Frieden oder Gewalt spielen können. Der deutsche Buchhandel hat sich entschieden, die Inhalte, Wörter und Narrative zu ehren, die ein friedliches Verstehen der Unterschiede, die wir zwischen uns wahrnehmen, fördern.

Dass jemand wie ich, die in nicht so ferner Vergangenheit aufgrund von demografischen Kriterien im schlimmsten Fall als nicht denkend, im besten Fall als nicht auf eine wertvolle Weise denkend und deshalb auf nicht wertvolle Weise existierend kategorisiert wurde, heute diesen Preis erhält, bezeugt die Fähigkeit für Wandel, die wir Menschen haben. Und so möchte ich enden, indem ich uns allen eine glückliche, Paradigmen wechselnde Lektüre wünsche, die eine positive Hinwendung zum Frieden bewirkt, für den sich der Friedenspreis des Deutschen Buchhandels so hervorragend einsetzt.

Aus dem Englischen von Anette Grube.

ACCEPTANCE SPEECH

Tsitsi Dangarembga

For those who are inside the whale:
We need a new enlightenment

WINNER OF THE PEACE PRIZE 2021

Dear honoured guests all,

I do begin by thanking you all for being here today. Thank you for opening your hearts to me and my work and making me feel heard. Thank you Auma for this wonderful speech. Thank you Karin Schmidt-Friderichs, thank you Lord Mayor.

◇

Standing before you here today, I feel, as I imagine Jonah must have felt when he was inside the whale. Taken in by a great beast like a bit of plankton floating by, landing within the entrails of a massive mammal, not knowing how he will find his way out of the great churning gut, but knowing very well what the end process of being digested is and therefore, while feeling grateful at no longer being tossed in the raging sea, nevertheless also feeling highly excited.

Indeed, the award of the Peace Prize of the German Book Trade 2021 is a cause for great excitement in my life. I did not ever imagine that one day I would stand in this lovely venue in Frankfurt, a city in a country that I conceive of as having been the strong umbilical chord of western empire, in order to receive the German Book Trade's most distinguished prize. Therefore, I am astonished to stand before you today. At the same time, I am delighted, and I am humbled at this unfolding of events. I am thankful to my publishers, Orlanda Verlag, who first published my work, and then submitted it for consideration; and I thank the jury who recognised positive value in my voice, a voice from that part of the world so often described as other and so often preceded by negative qualifiers. There are seven billion human beings on the planet. I am now one of the few of that great number who understands what a great privilege it is to find oneself in a place that not even imagination had been capable of transporting one to.

◇

Zimbabwe, the nation-state I come from, has never known peace. Various institutionalised forms of violence were practised on black bodies by white bodies in Zimbabwe when British settlers arrived to occupy the land. Officials of the British South Africa Charter Company, the private company founded by Cecil Rhodes in 1889, whose members were outriders of the British Empire, used brutal tactics to bring the local people to heel.

Cecil Rhodes' Pioneer column of 500 men marched with an assortment of weapons that included Maxim guns, they marched into the area that is now Harare, capital of Zimbabwe, to annexe the land formally for the British Empire in 1893. Ensuing economic violence saw black bodies being taxed in money for the houses they lived in when the invaders arrived. The population did not utilise a money economy at the time, thus the requirement for money forced the population into labour for the settler community on the terms the settler community offered, in order to obtain the money required to comply with the taxation system. Other forms of economic violence included different rates of payment for the same agricultural products, depending on the skin colour of the producer, with black producers being paid less than white producers. There were also restrictions on the goods black people could trade. Nutritional violence was practised by settler authorities through the side-lining of traditional small grains commercially in favour of less nutritious maize that had been introduced by European settlers. Metaphysical violence included the denigration of pre-colonial belief and other symbolic systems, such as religious, political, knowledge, legal and language systems. This metaphysical violence was part of a deliberate British strategy to create a metaphysical empire. And here in Germany you see that, too, as more and more English creeps into the language.

Various forms of violence were unleashed on black bodies as the new settler state evolved. These forms of violence included the banning of black political parties, police brutality, judicial harassment, abduction, detention and torture. The violence of the denial of freedom was encoded in laws that determined such things as where black bodies could be at what time, where minds embodied in black bodies could obtain education, where a black body could purchase land or farm, and what kind of alcoholic beverage could be sold to or imbibed by a black body where.

In 1965, the British settler community of the country, now called Rhodesia, declared their own independence from Great Britain. This declaration of independence by the white population was in response to the British policy of decolonisation through negotiating independence with its colonies that evolved in the 1950s. The new policy was an imperial response to unrest in the colonies where there was political agitation for independence through majority rule. As majority rule in a predominantly black state meant rule by black people, the white settler community of Rhodesia acted to prevent it by unilaterally declaring independence from Britain.

Black agitation for majority rule continued in Rhodesia after the Unilateral Declaration of Independence by the white settlers in 1965. New forms of racialised violence were practised. For example, the settler state, fearing being swamped by a rapidly increasing black population, secretly instituted policies for black population control that included tubal ligation of fertile black women without their consent. At the same time, efforts to retain its white population prompted the settler state to institute repressive regulations designed to prevent its white citizens from emigrating. Zimbabwe has always been a violent and repressive state.

As a result of this history, at independence in 1980 Zimbabwe had a violent outgoing settler state. Being born through a brutal liberation struggle in which atrocities that I cannot go into here were committed on both sides, the incoming nationalist state was just as violent. Its military rhetoric focused on conflict, antagonism and enmity, and this is the philosophy that holds sway amongst Zimbabwean authorities to this day. The antagonists and enemies are any entities, including citizens of Zimbabwe and their organisations, that do not comply with the military rulers' wishes. Complaints of intimidation and torture by the Zanu-Pf authorities began as early as 1980, the year of independence. A whole genocide was overlooked by the rest of the world a few years later. Since then violence that uses the atrocious tactics of the liberation struggle has flared up whenever power is contested, usually at election time, but also on other occasions.

◇

The formative violence of the Zimbabwean nation state is not an isolated historical occurrence. The greater part of the world has experienced the multi-faceted violence that I have described in the Zimbabwean case at the hands of western empire. This violence is standard for all the imperial enterprise practised by the western quarter of the world on the rest of the globe, a process that began in the fifteenth century. In fact in some cases, such as the USA the process was even more violent with entire nations being wiped out through genocide. We should not be surprised then that violence – physical, psychological, political, economic, metaphysical and genocidal – is too often the order of the day in postcolonial countries. These kinds of violence are structured into the global order that we live in, and have their root in the structures of western empire that began to be formed over half a millennium ago. This is to say that the west, with all its technology and belief systems and practices, is built on these multiple ongoing forms of violence, which it exported to the rest of the world and which are now practiced as eagerly in postcolonial states as they were by imperial and colonial states.

Obviously, peace cannot thrive under these conditions. Only violence thrives in conditions of violence. It is a well-known fact that violence begets violence and we see this all over the world today, even in the various homes of empire. Imperial violence created conditions that caused many people to leave their homes and migrate to imperial countries. Citizens of the imperial countries resent this and mete out violence onto the bodies of the immigrants in various ways, including through institutional violence that is justified as an administrative necessity, a justification that was also given during the colonial era. At the same time, nationals of imperial nations who have a more developed sense of peace and justice take on their country mates who mete out violence to immigrants and conflict results in the imperial heartland. We had a splendid example of this today, although splendid is probably not the correct word. Anyway, it is clearly a no-win situation. What are we to do, then, to foster peace? Clearly the world structure that ushered in the specific kinds of violence of our era cannot easily be undone. The more than seven billion of us human residents of this planet are today all connected to and embedded in that global system.

Here is an answer, and I personally believe that this answer is simpler than we might think. The violent world order we live in now was brought about by certain hierarchical modes of thinking. The solution is to undo the racialised and other hierarchical modes of thinking based on demographics such as gender, sex, religion, nationality and class, and any other, that were and continue to be the building blocks of empire throughout history, throughout the world.

Our current global dispensation does invest large amounts of money into influencing group behaviour. Methods of influencing group behaviour are taught in courses for disciplines such as marketing and business studies, politics and propaganda studies all over the world. Such courses teach students how to define a target group by segmenting a population according to a range of demographics. The desires of this population are then manipulated with the aim of this manipulation being not the good of the people concerned or an increase in peace, but in order to maximise something that we refer to as profit. This may be financial, political, social or any other kind of human profit.

I put it to you that this thing we call profit does not in fact exist. In absolute terms, the notion of profit is a fallacy. In the dimension of the human, and the world we inhabit physically, events and matter are localised in time and space. Value that appears in one time and place is value that has been removed from another time and place. A system based on profit, on receiving more than is given, is a system of exploitation. Systems of exploitation result in concentration and deficit. A system that manufactures concentration on the one hand and deficit on the other is a system of imbalance. Such a system is inherently unstable and therefore not sustainable. How then have we come to invest in an unstable, unsustainable system that is bound to lead to our downfall?

A little less than four hundred years ago, a Frenchman wrote a long paragraph on the nature of certainty, that is the nature of knowledge without doubt. One phrase of this long paragraph has come down to us. This is the phrase »I think therefore I am«, now one of the most famous and well-known phrases of western philosophy. In this conceptualisation of the world, »I think« is the only direct, irrefutable evidence a person has of their existence. All other evidence could be false. »I think« was said to indicate »I am« or a person's being, and this position came to be formulated as »I think therefore I am«.

To me, a person who has had the good fortune to access another knowledge system besides the western, experientially rather than intellectually, since childhood, the dangers of such an epistemology are glaring. Firstly, as is well recognised, the famous phrase is only a short version of what was originally expressed. The original expression included the useful nature of doubt in ascertaining knowledge: I doubt, therefore I think, therefore I am. But those very thought processes said to obtain knowledge through doubt refused to doubt and instead opted for the certainty of »I think therefore I am«, the version that has now become common philosophical currency.

What are the effects of such a common philosophical currency? To think is to conduct an inner narrative. This process of inner narrative is composed of process on one hand – how we narrate to ourselves; and content on another hand – what we narrate to ourselves. Equating the process of one's, or the »I's«, thinking or inner narrative with being results in multiple errors in our knowledge. Allow me to mention two, that are particularly relevant to my feeling like Jonah inside the whale. Both of these errors refer to difference.

Let us consider the case of a mind that is not one's own. Let us assume that this other mind that is not one's own, holds a different content to the contents in one's own mind; or that it utilises a different system of evoking and arranging contents and thus of delivering meaning; or that it differs from one's own mind in both content and process. Those who believe that being in the world and knowing in the world is based on »I think«, may very easily come to the conclusion that a mind that uses different contents for representing and different processes of combining contents does not think at all, and therefore does not represent an »I« at all.

Let us now go on to assume that this mind that is not one's own is embodied. It is easy to see how such an embodied being that is not oneself, that does not think as oneself does, and therefore is said not to think, is very likely to bring into one's mind the content »They do not think, therefore they are not«. Since the thinker of »I think therefore I am« perceives of themself as human, those who think differently are perceived of as being not like me, or not human. As we know, this denial of the human value of other human beings has the effect of raising the human value we ascribe to ourselves; and as we also know, this mechanism of differential attribution of humanity has been responsible for much of the violence that human beings have visited on each other.

I make this point not to discredit the Enlightenment. It is very hard for me, someone who is not personally connected directly to the history of Europe and its narrative, to imagine what life here was like during the Dark Ages and through the Middle Ages, and how deeply the thought revolution that was the Enlightenment was needed. My point is to add my voice to those who say the Enlightenment of yester-century has run its course so that we, all of us on this planet today are in great need of a new enlightenment.

The knowledges of yesteryear and yester-century do not suffice. They did not save us. In my part of the world, our philosophy of living was encapsulated in the idea »I am because you are« now recognised as the philosophy of ubuntu. This philosophy is still expressed in greetings such as »I am well if you are well too«, but this philosophy did not save us. We must invent new thought, drag it out from where it is nascent in the folds of the universe to effect the paradigm shift in our ways of knowing and valuing and ascribing meaning that is necessary for our survival as we see oceans polluted, ozone depleted, climate changing, temperatures and shorelines rising, diseases ravaging in spite of science, hunger proliferating, and black bodies drowning in oceans on their way to join those who first sailed to join them, becoming this epoch's most enduring sacrifice to what it calls progress.

There will be no miracle cures for our errors of thought. What we can look to is to change our thought patterns word by word, consciously and consistently over time, and to persevere until results are seen in the way we do things and in the outcomes of our actions. I would like to suggest that one way in which the human community in Germany may contribute to do this is through changing thinking around the N-word. I have heard that there is an ongoing dispute here about the nature of the N-word and whether it is inherently violent, with some arguing that it is not, so that those who choose to use it are not choosing to use a violent, but only a factual content. At the same time, those who are the object of those who use the N-word to refer to them, and their allies in the country, testify to the N-word's violent nature. In such cases, the choice is ours, whether to valourise the »I« of »I think« or to look beyond this »I« to »We« in our choice of the contents we entertain in our minds. To look beyond the »I« to the »We« could lead to mind-expanding reformulations of the Frenchman's phrase, to, for example, »We think, therefore we are«; or even to »We are, therefore we think«, thereby, with this latter, changing the location of valourisation from the rational »think« to the experiential »are«.

◇

Indeed, my sense of being inside the whale may not apply only to myself. It is increasingly clear to me that we are all inside the whale of our current paradigm. Unlike Jonah, we will not be vomited out as this paradigm that we exist in is of our creation. We have constructed it through our own choices, according to what we perceive of as knowledge and certainty. We will emerge, if we emerge at all, through our own choices to dismantle these constructions and build sustainable others. Our choices of thought content and process are ultimately a choice between violence producing and peace producing contents and narratives. This is true whether these contents and narratives are expressed only to ourselves in thought, or whether we go on to express them to others around us. Both are generative.

The relationship between thought and narrative and violence and peace is what makes the Peace Prize of the German Book Trade so remarkable. The German Book Trade recognises that the symbols, the words that are put down in books are active in the way that they transmit themselves into our minds and influence our thoughts, with the result that these words in books can play a part in shaping our tendencies towards either peace or violence. The German Book Trade has chosen to honour those contents, words and narratives that promote peaceful understanding of the differences we perceive to exist between us. Indeed, that someone such as myself, who in not-so-distant ages past was, on the basis of several demographics, categorised as not thinking at worst; at best, not thinking in any way that is valuable, and therefore not existing in any way that is valuable, is awarded this prize today is testimony to the capacity we have as human beings for transformation. And so I would like to end by wishing us all happy, paradigm-shifting reading of the kind that effects positive transformation for peace, that is championed so excellently by the Peace Prize of the German Book Trade.

BIOGRAPHIE Stationen des Lebens

Tsitsi Dangarembga, geboren am 14. Februar 1959 in Mutoko im heutigen Nordosten von Simbabwe, gehört zu den wichtigsten Schriftsteller*innen, Dramatiker*innen und Filmemacher*innen ihres Landes. Die Bücher ihrer international erfolgreichen Romantrilogie erzählen vom Aufwachsen und Leben einer nach Selbstbestimmung strebenden Frau im postkolonialen Simbabwe und veranschaulichen dabei die komplexen Unterdrückungsmechanismen von Gender, Kolonialismus und Rassismus. Ihr 1988 erschienener Debütroman »Nervous Conditions« (dt. »Aufbrechen«, 1991 u. 2019) wird 2018 von der BBC in die Liste der 100 wichtigsten Bücher aufgenommen, die die Welt geprägt haben. Der Film »Neria«, für den sie 1993 die Story schreibt, zählt zu den beliebtesten Filmen in Simbabwe. Ihr neuer Roman »This Mournable Body« (dt. »Überleben«, 2021) wird 2020 für die Shortlist des Booker Prize nominiert. Neben ihrer Arbeit als Autorin und Filmemacherin engagiert sich Tsitsi Dangarembga seit vielen Jahren für Freiheits- und Frauenrechte sowie politische Veränderung in Simbabwe. 2021 erhält sie den PEN Pinter Prize sowie den PEN International Award for Freedom of Expression, mit dem Autorinnen und Autoren ausgezeichnet werden, die trotz Verfolgung ihr Schreiben fortführen. Am 24. Oktober 2021 wird ihr der Friedenspreis des Deutschen Buchhandels verliehen.

◇

1961, zwei Jahre nach ihrer Geburt, zieht die Familie von Tsitsi Dangarembga nach England, wo die Eltern studieren. 1965 kehren sie zurück nach Rhodesien, das sich im selben Jahr unter einer weißen Minderheitsregierung für unabhängig erklärt. In Old Umtali (das heutige Old Mutare) übernimmt der Vater den Direktorposten einer Missionsschule, an der die Mutter ebenfalls als Lehrerin arbeitet. Tsitsi Dangarembga, die in England eingeschult worden war, muss sich an der Hartzell Primary School in Umtali (heute Mutare) ihre Muttersprache Shona wieder neu aneignen. In der Hauptstadt Salisbury, im heutigen Harare, besucht sie die Arundel School, eine private Mädchenschule und macht ihr Abitur. 1977 beginnt sie, in Cambridge Medizin zu studieren, bricht das Studium aber drei Jahre später ab. Sie geht zurück nach Simbabwe, das nach Jahren der politischen Instabilität infolge eines Friedensabkommens (Internal Settlement) freie Wahlen durchführen kann und 1980 offiziell seine Unabhängigkeit erhält. Sie arbeitet in einer Werbeagentur, studiert anschließend an der University of Zimbabwe Psychologie und wird Mitglied der universitären Theatergruppe. In dieser Zeit schreibt sie, auch um das Rollenrepertoire für Schwarze Frauen zu erweitern, ihre ersten Theaterstücke »Lost of the Soil« (1983) und »She No Longer Weeps« (1987). Ihre Kurzgeschichte »The Letter«, 1985 in der Anthologie »Whispering Land« erschienen, wird von der Swedish International Development Cooperation Agency (SIDA) mit dem dritten Platz ausgezeichnet.

◇

Im Alter von 25 Jahren beendet Tsitsi Dangarembga 1984 ihren Roman »Nervous Conditions«, den ersten Teil ihrer autobiographisch geprägten Tambudzai-Trilogie. Nachdem das Manuskript in Zimbabwe abgelehnt wurde, wird das Buch 1988 in Großbritannien publiziert und ein Jahr später in den USA. In Deutschland erscheint das Buch erstmals 1991 unter dem Titel »Der Preis der Freiheit« und wird 2019 unter dem Titel »Aufbrechen« neu aufgelegt. Der Roman gilt heute als Klassiker der modernen afrikanischen Literatur. Im Mittelpunkt des 1989 mit dem Commonwealth Writers'

Prize (Africa Section) ausgezeichneten Buches steht das Mädchen Tambudzai, das auch Protagonistin der folgenden Bücher »The Book of Not« (2006) und »This Mournable Body« (2018) ist.

Die Trilogie beginnt mit »Nervous Conditions« im Rhodesien Ende der 1960er und beschreibt das Aufwachsen von Tambudzai, die die damals ungewöhnliche Gelegenheit einer schulischen Ausbildung erhält. Als Tochter einer auf dem Dorf lebenden Großfamilie, geprägt von den patriarchalen Strukturen der Landbevölkerung, ist sie anfangs fasziniert von den Möglichkeiten, die sich ihr nun bieten. Bald muss sie feststellen, dass die dominante Stellung der Weißen in der Gesellschaft ein gleichberechtigtes Aufwachsen nicht zulässt. Tambudzai hält trotzdem an ihrem Ziel fest, eine gebildete Frau zu werden, auch wenn dadurch der Bezug zu ihrer in der Tradition verhafteten Familie zu schwinden droht.

»The Book of Not«, der zweite, von Tsitsi Dangarembga rund dreißig Jahre später geschriebene Teil der Trilogie, erzählt vom weiteren Lebensweg Tambudzais. Hier treten die Widersprüche zwischen ihrem neuem und dem alten Leben offen zutage. Während des Unabhängigkeitskampfes, in dem ihr Onkel, der auch ihr Förderer ist, gefoltert wird und die Schwester ein Bein verliert, flüchtet Tambudzai aus ihrem Dorf, vor ihrer Familie und ihren Wurzeln, meldet sich freiwillig für die Unterstützung der rhodesischen Armee und findet trotz bester Noten dennoch keine Anerkennung. In der zunehmend verzerrten Perspektive Tambudzais, aus der der Roman geschrieben ist, tritt die Realität hinter ihre eigene Wahrnehmung zurück, wodurch es ihr nicht gelingt, ihre Situation zu begreifen.

Im dritten Buch »This Mournable Body« (»Überleben«) treffen die Leserinnen und Leser auf eine Tambudzai mittleren Alters, die in einer heruntergekommenen Jugendherberge in der Innenstadt von Harare lebt und ihre Arbeit verloren hat. Bei jedem Versuch, sich ihr Leben neu aufzubauen, wird sie mit einer weiteren

Demütigung konfrontiert. Der Kontrast zwischen der Zukunft, die sie sich ausmalt, und ihrer täglichen Realität ist schließlich so schmerzhaft, dass es sie an den Rand des Wahnsinns treibt. Desillusioniert nimmt sie eine Anstellung im Ökotourismus an und kehrt in das Dorf ihrer Familie zurück. Dies gipfelt in einem Akt des Verrats und zeigt schonungslos die Verbindungen von Kolonialismus und Kapitalismus auf.

◇

In den 1990er Jahren wendet sich Tsitsi Dangarembga verstärkt dem Medium Film zu. An der Deutschen Film- und Fernsehakademie Berlin (DFFB) studiert sie von 1989 bis 1996 Filmregie und produziert einige Filme in Deutschland. Zudem entwirft sie später an der Humboldt-Universität zu Berlin ein Konzept für eine Doktorarbeit über die Rezeption des afrikanischen Films. 1992 gründet sie zusammen mit ihrem Ehemann Olaf Koschke die in Harare ansässige Filmproduktionsfirma Nyerai Films, die sie bis heute leitet. Die Spiel- und Dokumentarfilme, die sie produziert und bei denen sie das Drehbuch schreibt oder Regie führt, werden zum Teil international gezeigt und gehören zu den erfolgreichsten Simbabwes. Im Jahr 2000 kehrt sie endgültig dorthin zurück und gründet 2002 das International Images Film Festival for Women in Harare. Als Initiatorin des African Women Filmmakers Hub und Gründungsdirektorin des Institute of Creative Arts for Progress in Africa möchte sie die nachhaltige Kreativwirtschaft in ihrem Land sowie auf dem afrikanischen Kontinent stärken und insbesondere Frauen dabei unterstützen, in dieser Branche einflussreich zu wirken.

◇

Im Zuge ihres jahrelangen politischen Engagements tritt sie international als Speaker auf und gehört verschiedenen Organisationen an: So ist sie von 2011 bis 2013 Mitglied der Women's Coalition of Zimbabwe, von 2010 bis 2012 Mitglied des National Arts Council of Zimbabwe, ebenso wie 2005 bis 2009 Mitglied des National Aids Council sowie 2003 bis 2009 Mitglied des Zimbabwe College of Music. Vor Kurzem hat sie ein Stipendium am Stellenbosch Institute for Advanced Study in Südafrika absolviert und sitzt im Vorstand des Johannesburg Institute for Advanced Study.

Nachdem sie Ende Juli 2020 in den sozialen Medien gegen die Verhaftung von Journalisten in Simbabwe protestiert und zur Teilnahme an einer Anti-Korruptionsdemonstration aufruft, wird sie wie viele andere Oppositionelle im Lande für kurze Zeit inhaftiert und auf Bewährung wieder frei gelassen. Dennoch ist sie weiterhin entschlossen, gemeinsam mit den Menschen in Simbabwe die Verhältnisse in ihrem Land zu ändern: »Every moment is a moment for potential resolution. It just needs somebody to say, OK, we're going to do things differently.«

Tsitsi Dangarembga und ihr Ehemann Olaf Koschke leben in Harare. Ihre Kinder Tonderai, Chadamoyo und Masimba studieren zum Teil im Ausland.

AUSZEICHNUNGEN

2021 Friedenspreis des Deutschen Buchhandels
2021 PEN Pinter Prize
2021 PEN International Award for Freedom of Expression
2020 Shortlist Man Booker Prize (»This Mournable Body«)
2008 Council of Zimbabwe's Arts Service-Prize
2006 UNESCO Children's and Human Rights Award (»Peretera Maneta«)
2006 Winner Zanzibar International Filmfestival, 2006 (»Peretera Maneta«)
2006 Gender, Equality & Media Award, South Africa (»Growing Stronger«)
2005 Winner of Golden Dhow Zanzibar (»Kare Kare Zvako«)
2005 Winner of Short Film Award Cinemaafricano Milano (»Kare Kare Zvako«)
2005 Short Film Award ZIFF (»Kare Kare Zvako«)
1989 Commonwealth Writers' Prize (»Nervous Conditions«)

Tsitsi Dangarembga, born on February 14, 1959 in Mutoko in present-day northeastern Zimbabwe, is one of the most important writers, playwrights and filmmakers in her country. The books of her internationally successful trilogy of novels tell of the growing up and life of a woman striving for self-determination in post-colonial Zimbabwe, illustrating the complex mechanisms of oppression of gender, colonialism and racism. Her 1988 debut novel, »Nervous Conditions« (dt. »Aufbrechen«, 1991 u. 2019), was named by the BBC in 2018 in its list of the 100 most important books that have shaped the world. The film »Neria« for which she wrote the story in 1993, is one of the most popular films in Zimbabwe. Her new novel »This Mournable Body« (dt. »Überleben«, 2021) was shortlisted for the Booker Prize in 2020. In addition to her work as an author and filmmaker, Tsitsi Dangarembga has been active for many years in promoting freedom and women's rights and political change in Zimbabwe. In 2021, she received the PEN Pinter Prize as well as the PEN International Award for Freedom of Expression, which honors authors who continue their writing despite persecution. On October 24, 2021, she will be awarded the Peace Prize of the German Book Trade.

◇

In 1961, two years after her birth, Tsitsi Dangarembga's family moves to England, where her parents study. In 1965, they return to Rhodesia, which declares independence in the same year under a white minority government. In Old Umtali (now Old Mutare), the father takes over the directorship of a missionary school, where the mother also works as a teacher. Tsitsi Dangarembga, who had been enrolled in school in England, has to reacquire her mother tongue Shona at the Hartzell Primary School in Umtali (now Mutare). In the capital Salisbury, present-day Harare, she attends Arundel School, a private girls' school, and graduates from high school. In 1977, she begins to study medicine at Cambridge, but drops out three years later. She returns to Zimbabwe, which after years of political instability is able to hold free elections as a result of a peace agreement (Internal Settlement) and officially gains independence in 1980. At the University of Zimbabwe she studies psychology, after working in an advertising agency, and becomes a member of the university theater group. During this time, also in order to expand the repertoire of roles for black women, she writes her first plays, »Lost of the Soil« (1983), and »She No Longer Weeps« (1987). Her short story »The Letter«, published in 1985 in the anthology »Whispering Land«, is awarded third place by the Swedish International Development Cooperation Agency (SIDA).

◇

In 1984, at the age of 25, Tsitsi Dangarembga finished her novel Nervous Conditions, the first part of her autobiographically influenced Tambudzai trilogy. After the manuscript was rejected in Zimbabwe, the book was published in Great Britain in 1988 and a year later in the United States. In Germany, the book first appears in 1991 under the title »Der Preis der Freiheit« and was reissued in 2019 under the title »Aufbrechen.« It is now considered a classic of modern African literature. The book, which won the Commonwealth Writers' Prize (Africa Section) in 1989, centers on the girl Tambudzai, who is also the protagonist of the subsequent books »The Book of Not« (2006) and »This Mournable Body« (2018).

The trilogy begins with »Nervous Conditions« in 1970s Rhodesia and describes the growing up of Tambudzai, who is given the then unusual opportunity to pursue an education. As the daughter of an extended family living in the village, shaped by the patriarchal structures of the rural population, she is initially fascinated by the opportunities now available to her. Soon she realizes that the dominant position of whites in society does not allow her to grow up as an equal. Tambudzai nevertheless sticks to her goal of becoming an educated woman, even though this threatens to erode her ties to her family, which is entrenched in tradition.

»The Book of Not«, the second part of the trilogy written by Tsitsi Dangarembga some thirty years later, tells of Tambudzai's further life. Here, the contradictions between her new life and the old one come to light. During the struggle for independence, in which her uncle, who is her benefactor, is tortured, and her sister loses a leg, Tambudzai flees her village, her family and her roots, volunteers to support the Rhodesian army but still does not find recognition despite the best grades. In Tambudzai's increasingly distorted perspective, from which the novel is written, reality takes a back seat to her own perception, preventing her from grasping her situation.

In the third book, »This Mournable Body« (»Überleben«), readers meet a middle-aged Tambudzai who lives in a run-down hostel in downtown Harare and has lost her job. With each attempt to rebuild her life, she is confronted with yet another humiliation. The contrast between the future she imagines and her daily reality is eventually so painful that it drives her to the brink of insanity. Disillusioned, she takes a job in ecotourism and returns to her family's village. This culminates in an act of betrayal and relentlessly reveals the links between colonialism and capitalism.

◇

In the 1990s, Tsitsi Dangarembga turned her attention increasingly to the medium of film. She studied film directing at the German

Film and Television Academy Berlin (DFFB) from 1989 to 1996 and produced several films in Germany. She also later drafts a concept for a doctoral thesis on the reception of African film at the Humboldt University in Berlin. In 1992, together with her husband Olaf Koschke, she founded the Harare-based film production company Nyerai Films, which she still runs today. The feature films and documentaries she produces and for which she writes the screenplay or directs are shown internationally and are among Zimbabwe's most successful. She returned there for good in 2000 and founded the International Images Film Festival for Women in Harare in 2002. As executive director of the African Women Filmmakers Hub and founder of the Institute of Creative Arts for Progress in Africa, she aims to strengthen sustainable creative industries in her country and on the African continent, and, in particular help young women become influential in the field.

◇

In the course of her many years of political commitment, she appeared internationally as a speaker and belonged to various organizations: She was a member of the Women's Coalition of Zimbabwe from 2011 to 2013, a member of the National Arts Council of Zimbabwe from 2010 to 2012, as well as a member of the National Aids Council from 2005 to 2009, and a member of the Zimbabwe College of Music from 2003 to 2009. She recently held a fellowship at the Stellenbosch Institute for Advanced Study and serves on the board of the Johannesburg Institute for Advanced Study, both in South Africa.

After protesting on social media against the arrest of journalists in Zimbabwe and calling for participation in an anti-corruption demonstration in late July 2020, she was detained for a short time like many other opposition figures in the country and released on parole. Nevertheless, she remains determined to work with the people of Zimbabwe to change conditions in her country: »Every moment is a moment for potential resolution. It just needs somebody to say, OK, we're going to do things differently.«

Tsitsi Dangarembga and her husband Olaf Koschke live in Harare. Their children Tonderai, Chadamoyo and Masimba are studying abroad.

AWARDS (Selection)

2021 Peace Prize of the German Book Trade
2021 PEN Pinter Prize
2021 PEN International Award for Freedom of Expression
2020 Shortlist Man Booker Prize (»This Mournable Body«)
2008 Council of Zimbabwe's Arts Service-Prize
2006 UNESCO Children's and Human Rights Award (»Peretera Maneta«)
2006 Winner Zanzibar International Filmfestival, 2006 (»Peretera Maneta«)
2006 Gender, Equality & Media Award, South Africa (»Growing Stronger«)
2005 Winner of Golden Dhow Zanzibar (»Kare Kare Zvako«)
2005 Winner of Short Film Award Cinemaafricano Milano (»Kare Kare Zvako«)
2005 Short Film Award ZIFF (»Kare Kare Zvako«)
1989 Commonwealth Writers' Prize (»Nervous Conditions«)

BIBLIOGRAPHIE

BIBLIOGRAPHY

»Überleben« (orig. »This Mournable Body«, 2018)
Aus dem Englischen von Anette Grube,
Orlanda Verlag, Berlin 2021.

»The Book of Not«
Ayebia Clarke Publishing, Oxford 2006,
Faber & Faber, London 2021.

»Aufbrechen« (orig. »Nervous Conditions«, 1988)
Aus dem Englischen von Ilija Trojanow,
Orlanda Verlag, Berlin 2019,
(Neuaufl. von »Der Preis der Freiheit«, 1991).

Weitere Bücher und Theaterstücke

1987 She No Longer Weeps (Theaterstück)
1985 The Letter (Kurzgeschichte), veröffentlicht in »Whispering Land«
1983 Lost of the Soil (Theaterstück)

Filme

2013 Freestate (Kurzfim, Drehbuch)
2011 Nyami Nyami Amaji Abulozi (Kurzfilm, Drehbuch und Regie)
2010 Ungochani

2010 I Want a Wedding Dress (Spielfilm, Drehbuch und Regie)
2008 The Sharing Day
2006 Peretera Maneta – Spell my name (Kurzfilm, Produktion)
2005 Pamvura – At the Water (Kurzfilm, Drehbuch und Regie)
2005 Growing Stronger (Dokumentarfilm, Regie)
2004 Kare Kare Zvako – Mother's Day (Kurzfilm, Regie)
2004 High Hopes (Dokumentarfilm, Regie)
2002 Elephant People (Dokumentarfilm)
2001 Ivory
2001 Hard Earth – Land Rights in Zimbabwe (Dokumentarfilm, mit Olaf Koschke)
2000 On the Border (Dokumentarfilm, Regie)
1998 Zimbabwe Birds (mit Olaf Koschke)
1996 The Puppeteer (Dokumentarfilm, Drehbuch und Regie)
1995 Everyone's Child (Spielfilm, Drehbuch und Regie)
1995 Schwarzmarkt
1994 Passport to Kill
1994 The Great Beauty Conspiracy
1993 Neria (Spielfilm, Story)

STIFTUNGSRAT DER STIFTUNG FRIEDENSPREIS
THE FOUNDATION'S BOARD OF TRUSTEES

Frühjahr 2021 Spring 2021

DIE FRIEDENSPREISTRÄGER*INNEN
und ihre Laudator*innen

PREVIOUS WINNERS OF THE PEACE PRIZE
and their laudatory speakers

1950 Max Tau – *Adolf Grimme*
1951 Albert Schweitzer – *Theodor Heuss*
1952 Romano Guardini – *Ernst Reuter*
1953 Martin Buber – *Albrecht Goes*
1954 Carl J. Burckhardt – *Theodor Heuss*
1955 Hermann Hesse – *Richard Benz*
1956 Reinhold Schneider – *Werner Bergengruen*
1957 Thornton Wilder – *Carl J. Burckhardt*
1958 Karl Jaspers – *Hannah Arendt*
1959 Theodor Heuss – *Benno Reifenberg*

1960 Victor Gollancz – *Heinrich Lübke*
1961 Sarvepalli Radhakrishnan – *Ernst Benz*
1962 Paul Tillich – *Otto Dibelius*
1963 Carl Friedrich von Weizsäcker – *Georg Picht*
1964 Gabriel Marcel – *Carlo Schmid*
1965 Nelly Sachs – *Werner Weber*
1966 Augustin Kardinal Bea und
W. A. Visser 't Hooft – *Paul Mikat*
1967 Ernst Bloch – *Werner Maihofer*
1968 Léopold Sédar Senghor – *François Bondy*
1969 Alexander Mitscherlich – *Heinz Kohut*

1970 Alva und Gunnar Myrdal – *Karl Kaiser*
1971 Marion Gräfin Dönhoff – *Alfred Grosser*

1972 Janusz Korczak (posthum) – *Hartmut von Hentig*
1973 The Club of Rome – *Nello Celio*
1974 Frère Roger, Prior von Taizé – *(keine Laudatio)*
1975 Alfred Grosser – *Paul Frank*
1976 Max Frisch – *Hartmut von Hentig*
1977 Leszek Kołakowski – *Gesine Schwan*
1978 Astrid Lindgren – *Hans-Christian Kirsch, Gerold U. Becker*
1979 Yehudi Menuhin – *Pierre Bertaux*

1980 Ernesto Cardenal – *Johann Baptist Metz*
1981 Lew Kopelew – *Marion Gräfin Dönhoff*
1982 George F. Kennan – *Carl Friedrich von Weizsäcker*
1983 Manès Sperber – *Siegfried Lenz*
1984 Octavio Paz – *Richard von Weizsäcker*
1985 Teddy Kollek – *Manfred Rommel*
1986 Władysław Bartoszewski – *Hans Maier*
1987 Hans Jonas – *Robert Spaemann*
1988 Siegfried Lenz – *Yohanan Meroz*
1989 Václav Havel – *André Glucksmann*

1990 Karl Dedecius – *Heinrich Olschowsky*
1991 György Konrád – *Jorge Semprún*
1992 Amos Oz – *Siegfried Lenz*
1993 Friedrich Schorlemmer – *Richard von Weizsäcker*
1994 Jorge Semprún – *Wolf Lepenies*
1995 Annemarie Schimmel – *Roman Herzog*
1996 Mario Vargas Llosa – *Jorge Semprún*
1997 Yaşar Kemal – *Günter Grass*
1998 Martin Walser – *Frank Schirrmacher*
1999 Fritz Stern – *Bronislaw Geremek*

2000 Assia Djebar – *Barbara Frischmuth*
2001 Jürgen Habermas – *Jan Philipp Reemtsma*
2002 Chinua Achebe – *Theodor Berchem*
2003 Susan Sontag – *Ivan Nagel*
2004 Péter Esterházy – *Michael Naumann*
2005 Orhan Pamuk – *Joachim Sartorius*
2006 Wolf Lepenies – *Andrei Pleșu*
2007 Saul Friedländer – *Wolfgang Frühwald*
2008 Anselm Kiefer – *Werner Spies*
2009 Claudio Magris – *Karl Schlögel*

2010 David Grossman – *Joachim Gauck*
2011 Boualem Sansal – *Peter von Matt*
2012 Liao Yiwu – *Felicitas von Lovenberg*
2013 Swetlana Alexijewitsch – *Karl Schlögel*
2014 Jaron Lanier – *Martin Schulz*
2015 Navid Kermani – *Norbert Miller*
2016 Carolin Emcke – *Seyla Benhabib*
2017 Margaret Atwood – *Eva Menasse*
2018 Aleida und Jan Assmann – *Hans Ulrich Gumbrecht*
2019 Sebastião Salgado – *Wim Wenders*

2020 Amartya Sen – *Frank-Walter Steinmeier*
2021 Tsitsi Dangarembga – *Auma Obama*